STEFANIE CAPONI

TAROT GUIDE für EINSTEIGER

STEFANIE CAPONI

TAROT GUIDE für EINSTEIGER

Der unverzichtbare Leitfaden für deine Tarotsitzung – Legemethoden, Kartendeutung und Fragestellungen

mvgverlag

Für meinen unglaublich unterstützenden Partner. Sean.

Inhalt

VORWORT

Ich war noch ein Teenager, als ich mein erstes Tarotdeck kaufte – ein Exemplar des *Rider-Waite-Smith*-Tarots. Es war das einzige Deck, das in der kleinen Esoterik-Abteilung unserer Buchhandlung angeboten wurde. Ich kannte niemanden, der mit Tarotkarten arbeitete, doch die Karten zogen mich in ihren Bann. Ich hatte schon seit einiger Zeit ein Auge auf das Deck geworfen, und als ich durch Babysitten genug Geld gespart hatte, konnte ich es mir endlich leisten. Damals gab es noch kein Internet, und ich hatte keine Ahnung, wo ich mich über diese magischen Karten informieren konnte. So verbrachte ich Stunden damit, sie auf dem Boden meines Zimmers auszulegen, die kunstvollen Illustrationen zu bewundern und in dem geheimnisvollen Büchlein zu blättern, das dem Deck beilag.

20 Jahre später fand ich mich im falschen Beruf und in der falschen Ehe wieder und fühlte mich emotional und kreativ blockiert. Viele Fragen gingen mir durch den Kopf. Wie konnte es sein, dass ich so lange nicht meinem Herzen gefolgt war? Wie konnte ich lernen, meiner Intuition zu vertrauen und wieder auf den richtigen Weg zu finden? In dieser entscheidenden Phase meines Lebens wandte ich mich wieder dem Tarot zu und baute eine neue Beziehung zu ihm auf. Kurz nach dem Ende meiner Ehe zog ich drei Karten für eine Legung, und diese flogen mir fast entgegen – der Tod, die Neun der Schwerter und, zu meiner Überraschung, der Magier. Der Magier wurde zu meiner Inspirationsquelle, als ich meinen intuitiven inneren Führer entwickelte und mich von ihm auf meiner unglaublichen Reise der Selbstentdeckung leiten ließ. Mehr als 20 Jahre, nachdem ich zum ersten Mal ein Deck in die Hand genommen hatte, lehrte mich das Tarot, mein Höheres Selbst zu achten und stolz auf meine einzigartigen Gaben zu sein. Es wurde zu einem zentralen Bestandteil meines Lebens. Ich begann als Schülerin, entwickelte mich zur Lehrerin und kreierte mein eigenes Tarotdeck, das *Moon Void Tarot,* für das ich auch ein Handbuch schrieb. Damit wollte ich anderen Menschen, die ähnliche lebensverändernde Erfahrungen gemacht hatten, helfen, mit dem Göttlichen zu kommunizieren und eine neue, harmonische Realität zu erschaffen.

Ich glaube, dass jeder Mensch tief in seinem Inneren Fähigkeiten besitzt, die aus einer höheren Quelle kommen, und dass wir die Macht haben, diese Gaben zu nutzen. Mithilfe des Tarots sind wir in der Lage, transformierende Erfahrungen zu erleben. Die Beziehung, die du durch deine Tarotpraxis aufbaust, ermöglicht es dir, dich mit deinem Höheren Selbst und deiner Höheren Quelle zu verbinden – ob du sie das Göttliche, Gott, das Universum oder anders nennst, liegt ganz bei dir. Das Tarot ist etwas Spirituelles, es hat nichts mit Religion zu tun und bietet jedem, der es anwendet, seine Unterstützung an.

Mit diesem Buch möchte ich dir dabei helfen, die Tarotkarten mühelos und mit Leichtigkeit zu deuten. Ein solches Buch hätte ich mir zu Beginn meiner eigenen Tarotreise gewünscht! Ich weiß noch gut, wie anstrengend es am Anfang für mich war, alle 78 Karten zu studieren. Das Buch unterscheidet sich von anderen Tarot-Ratgebern für Anfänger durch Übungen, die deine Intuition und deine Beziehung zum Tarot stärken und vertiefen. So wie du deine Muskeln im Fitnessstudio trainierst, entwickelst und erweiterst du deine Intuition, indem du dich kontinuierlich mit dem Tarot beschäftigst.

Dieses Buch basiert auf dem beliebten *Rider-Waite-Smith*-Tarot – jenem Deck, mit dem auch meine Tarotreise begann. Natürlich kannst du auch ein anderes Deck deiner Wahl verwenden. Wir konzentrieren uns auf die universellen Bedeutungen der Karten, lernen sie aber nicht einfach auswendig, sondern nutzen unsere Intuition, um zu erkennen, was die Karten uns mitteilen wollen. Ich möchte dir ans Herz legen, ein Journal zu führen, in dem du deine Übungen und intuitiven Botschaften festhältst, während du mit diesem Buch arbeitest. Die Kunst des Tarotlegens besteht darin, die Karten zu kennen, deinem Herzen zu folgen und deiner Intuition zu vertrauen. Durch dieses Zusammenspiel können die Karten dir Ideen und Erkenntnisse vermitteln, die für dich persönlich bestimmt sind.

Es ist mir eine Ehre, mein Wissen mit dir zu teilen und dir diesen Leitfaden für deine Tarotreise an die Hand zu geben. Ich möchte dich ermutigen, dir Zeit zu nehmen, um die Seiten zu lesen, die Übungen durchzuführen sowie die Karten in Ruhe in deinen Händen zu halten und zu betrachten. Du wirst staunen, wie schnell du die Karten verstehst und mehr über dich selbst erfährst. Und schon bald wirst du dir zutrauen, die Karten für dich selbst und sogar für deine Freund*innen zu legen. Also, schnapp dir dein Kartendeck, und los geht's!

KAPITEL 1

Das Tarot verstehen

DIE ERSTEN SCHRITTE im Umgang mit dem Tarot sind wirklich aufregend! Es ist, als würde man eine neue Sprache lernen, die dich mit dem ganzen Universum verbindet. Doch bevor du damit beginnst, dein Deck zu mischen und Karten zu ziehen, schauen wir uns die Grundlagen an: die Geschichte des Tarots, den Aufbau des Decks, die energetische Reinigung der Karten und wie du dich auf dein Deck einstimmst. Außerdem beschäftigen wir uns mit den wichtigen Fragen, wie man verantwortungsvoll mit dem Tarot arbeitet und warum das Tarot für dein Leben wichtig ist.

WIRKUNGSWEISE DES TAROTS

Tarot ist mehr als nur ein illustriertes Kartenspiel zur Unterhaltung. Wird es bewusst eingesetzt, ist es ein wertvoller Wegweiser. Ist das Deck mit der Energie der Person, die mit ihm arbeitet, durchdrungen, bekommt es eine zutiefst persönliche Bedeutung. Es kann ein wichtiges Werkzeug zur Selbstfindung und zur Vertiefung spirituellen Wissens sein. Betrachte es als ein Kommunikationsmittel, das dich mit dem Göttlichen verbindet – und diese Verbindung ist jederzeit möglich! Für mich war das Tarot ein zuverlässiges und hilfreiches Instrument, um in meine Vergangenheit zu blicken und gleichzeitig das Leben meiner Träume zu manifestieren. Es hat mir auch geholfen, mir meiner inneren und äußeren Bedürfnisse bewusster zu werden. Seit ich eine starke Verbindung zu mir selbst habe, ziehe ich wertvollere Beziehungen und Möglichkeiten in mein Leben.

Mit dem Tarot kann man nicht in die Zukunft schauen oder Vorhersagen treffen. Es ist vielmehr eine Bestätigung deiner Intuition, die dich dazu befähigt, dein Leben so auszurichten, wie es deinem wahren Wesen und deiner Bestimmung entspricht. Zu einer verantwortungsvollen Tarotpraxis gehört, dass du lernst, während des Kartenlegens sinnvolle Fragen zu stellen und deine Intuition zu nutzen, um die Botschaften zu deuten, die du erhältst. Außerdem solltest du dir die Energie bewusst machen, die deine jeweilige Lebenssituation begleitet, damit du dir selbst und anderen dabei helfen kannst, fundierte Entscheidungen zu treffen, die zu den richtigen Handlungen führen. Manchmal bekommst du vielleicht nicht die Antwort, die du hören möchtest, denn das Tarot zeigt dir oft, auf welche Bereiche du deine Aufmerksamkeit richten solltest, um ein gewünschtes Ergebnis zu erzielen. Versuch daher, flexibel und offen zu bleiben. Auf viele Fragen im Leben gibt es keine einfachen Antworten, erwarte deshalb nicht, dass dein Deck dir eine Ja- oder Nein-Antwort liefert. Vertrau stattdessen deiner Intuition, denn sie ist dein wichtigstes Hilfsmittel bei der Deutung der Karten. Achte darauf, wie du dich fühlst und was dir durch den Kopf geht, wenn du das Bild einer bestimmten Karte betrachtest. Daran kannst du erkennen, ob du auf dem richtigen Weg bist oder etwas ändern musst.

DIE BEDEUTUNG DER KARTEN

Die meisten Tarotdecks enthalten insgesamt 78 Karten – 22 Trumpfkarten, die sogenannten *großen Arkana*, und 56 weitere Karten, die sogenannten *kleinen Arkana*. Das Wort »Arkana« leitet sich vom lateinischen Begriff *arcanus* ab, was »Geheimnis«

bedeutet, und bezieht sich auf ein geheimes oder spezialisiertes Wissen, das nur wenige Menschen besitzen. Wie du dir wahrscheinlich denken kannst, haben die Karten der großen Arkana mehr Bedeutung als die der kleinen Arkana. Einige moderne Decks enthalten zusätzliche Karten, die neu entwickelt wurden, aber in diesem Buch konzentrieren wir uns auf die klassischen 78 großen und kleinen Arkana.

Als das *Rider-Waite-Smith*-Tarot entworfen wurde, folgte es der Geschlechterkonformität seiner Zeit. Daher werden in diesem Buch die Pronomen »sie« und »er« verwendet, um die dargestellten Figuren zu beschreiben, die auf dem 1909 geschaffenen Werk basieren und nicht die moderne Diversität der individuellen Geschlechtsidentität widerspiegeln.

DIE GROSSEN ARKANA

Die 22 Trumpfkarten der großen Arkana stehen für bedeutende Lebensereignisse. Die Karten beginnen bei 0 und enden bei XXI (= 21). Sie nehmen dich mit auf eine Reise und zeigen dir die Energie, die sowohl auf der inneren als auch auf der äußeren Ebene vorhanden ist, individuell und kollektiv.

DIE KLEINEN ARKANA

Die 56 Karten der kleinen Arkana symbolisieren alltägliche Einflüsse in deinem Leben. Auch wenn diese Energien weniger stark sind, so bilden sie doch die Fäden, die unser Leben zusammenweben und uns dabei helfen, Entscheidungen zu treffen und uns selbst besser kennenzulernen. Die kleinen Arkana bestehen aus vier Kartenserien: Kelche, Stäbe, Schwerter und Münzen. Jede dieser Serien enthält zehn Zahlenkarten, vom Ass (= 1) bis X (= 10).

DIE HOFKARTEN

Jede Serie innerhalb der kleinen Arkana enthält zudem vier Hofkarten, ähnlich wie ein Spielkartensatz. Diese Karten repräsentieren die nächsthöhere Energiestufe innerhalb ihrer jeweiligen Serie. Sie gelten daher als Herrscher ihrer Serie und sind mächtiger als die Zahlenkarten. Jede Hofkarte hat die Lektionen, die in den Karten Ass bis X enthalten sind, bereits durchlaufen und trägt diese Weisheit und Erfahrung in sich. Der Bube, der Ritter, die Königin und der König haben einen besonderen Reifegrad und eigene Talente, was ihnen mehr Bedeutung verleiht als den Zahlenkarten der kleinen Arkana. Die Doppelelemente der Hofkarten werden wir in den folgenden Kapiteln näher betrachten. Manchmal stehen sie für eine bestimmte Person, einen Aspekt von dir selbst oder für die Energie einer bestimmten Situation.

ÜBUNG

Deine Beziehung zum Tarot

Während meiner ersten Erfahrungen mit dem Tarot hatte ich viele Fragen – und ihre Beantwortung half mir, meine Beziehung zum Tarot zu entwickeln. Ich war erstaunt, wie herausfordernd und gleichzeitig unterstützend die Antworten waren, die ich erhielt. Es war, als ob ich auf meinem Weg der Selbstfindung einen großen Schritt vorangekommen wäre. Die Fragen und die Antworten, die ich erhielt, ermöglichten mir, auf einer tieferen Ebene mit mir selbst in Kontakt zu kommen und meine Spiritualität zu entfalten. Aus Vorurteilen wurde Neugierde, alte Wunden heilten, aus Angst wurde Liebe, und mein Leben kam in Bewegung. Auch deine Beziehung zum Tarot hat das Potenzial, sich zu etwas sehr Tiefgründigem und Bedeutungsvollem zu entwickeln.

Bevor du dich auf diese Reise begibst, nimm dir bitte einen Moment Zeit, um in dein Journal zu schreiben. Denk darüber nach, was du mit deiner Tarotpraxis erreichen möchtest. Lies dir die folgenden Fragen durch und schreib alles, was dir dazu in den Sinn kommt, ohne langes Nachdenken auf. Es gibt keine richtigen oder falschen Antworten.

- → Was möchte ich mit meiner Tarotpraxis erreichen?
- → Welche Lebensbereiche möchte ich mithilfe des Tarots verbessern?
- → Welche Probleme oder Herausforderungen möchte ich mithilfe des Tarots hinter mir lassen?
- → Wie ist mein momentanes Verhältnis zu meiner Intuition?
- → Was bedeutet Spiritualität im Moment für mich?

Nachdem du die Antworten in deinem Journal notiert hast, hast du hoffentlich Klarheit über deine Intentionen gewonnen. Ich möchte dich ermutigen, diese Fragen in verschiedenen Phasen deines Lebens zu wiederholen und sogar immer wieder eine Tarotkarte zu ziehen, um jede Frage zu beantworten, und ihre Botschaft aufzuschreiben. Beobachte, wie sich deine Antworten zusammen mit deiner Tarotpraxis verändern, um auf diese Weise dein inneres Wachstum zu verfolgen.

EINE KURZE GESCHICHTE DES TAROTS

Das Tarot gibt es seit mehr als 600 Jahren, und im Laufe dieser sechs Jahrhunderte haben sich seine Bedeutungen und seine Verwendung gewandelt. Um 1400 tauchte in verschiedenen Teilen Europas eine Version der Tarotkarten mit vier Farben, Hof- und Trumpfkarten auf, die einem traditionellen Spielkartensatz ähnelte. Um 1800 wurden die Tarotkarten bei okkulten Praktiken als Hilfsmittel für die Wahrsagerei eingesetzt, was wahrscheinlich der Grund dafür ist, dass das Tarot heute noch als Instrument des Bösen gilt. Das *Rider-Waite-Smith*-Deck wurde von der Illustratorin Pamela Colman Smith nach den Anweisungen des Gelehrten und Mystikers A. E. Waite gezeichnet und 1909 von der Rider Company herausgegeben. Bis heute ist es das wichtigste und bekannteste Tarot der Welt. Obwohl es jüdisch-christliche Motive verwendet, geht seine Symbolik weit über religiöse Bezüge hinaus und inspirierte die Gestaltung der meisten Kartendecks, die im letzten Jahrhundert veröffentlicht wurden.

Tarot hat in den letzten zehn Jahren an Popularität gewonnen, was vor allem auf das Interesse an Spiritualität, Selbstheilung und auf das Wissen um das Gesetz der Anziehung zurückzuführen ist. Es eignet sich hervorragend zur Selbstfindung und für Veränderungen in deinem Leben, denn es hilft dir, gemeinsam mit dem Universum zu kreieren, statt das Leben dem Zufall zu überlassen.

Für deine Legungen brauchst du die esoterische Geschichte des Tarots nicht zu kennen. Wenn du jedoch mehr über die historische, okkulte und religiöse Symbolik dieser Karten erfahren willst, findest du auf Seite 235 einige nützliche Quellen.

DIE WAHL DEINES DECKS

Auch wenn in diesem Buch die Karten von *Rider Waite Smith* verwendet werden, bedeutet das natürlich nicht, dass du dieses Deck verwenden musst. (Mir ist bewusst, dass es kein inklusives Deck ist, da es nur Abbildungen von weißen cisgeschlechtlichen Menschen enthält.) Die Auswahl der Karten ist eine sehr persönliche Entscheidung, und dein Deck sollte dir und deinem Geschmack entsprechen. Auf dem Markt werden unzählige Decks angeboten, die sich inhaltlich und in ihrem Illustrationsstil stark unterscheiden. Einige Karten arbeiten zum Beispiel mit der Darstellung vieler Figuren, andere zeigen gar keine Figuren und wieder andere verwenden nur eine einzige, wiederkehrende Figur.

Überleg dir zuerst, welche Kunststile dich ansprechen. Magst du es bunt oder bist du eher der Schwarz-Weiß-Typ? Gefallen dir filigrane, detaillierte Illustrationen, oder bevorzugst du eine klare und einfache Bildsprache? Magst du es eher traditionell, klassisch oder sehr modern? Wähle ein Deck, dessen Illustrationen dich ansprechen und die deine Erfahrungen ausdrücken. Du wirst viel Zeit mit deinem Tarotdeck verbringen, also sollte es wie ein Freund oder ein Teil von dir sein. (Einige Vorschläge findest du am Ende dieses Buches).

Vielleicht hast du schon einmal das Gerücht gehört, es bringe Unglück, sich selbst ein Tarotdeck zu kaufen, und dass ein Deck ein Geschenk einer anderen Person sein sollte. Das ist reiner Aberglaube, also lass dich davon nicht einschüchtern. Wenn du dir selbst ein Deck kaufst, schmälert das in keiner Weise deine Erfahrung. Die Auswahl und der Kauf eines Kartendecks ist etwas sehr Kraftvolles, also warte nicht darauf, dass das Universum dir eines in den Schoß legt.

DIE ENERGETISCHE REINIGUNG DEINES DECKS

Das Ritual der Kartenreinigung ist ein sehr wichtiger Schritt. Die Reinigung klärt alle Energien, die mit dem Deck verbunden sein könnten, bevor du anfängst, damit zu arbeiten. So kannst du dich besser auf dein Deck einstimmen und deine Energie mit der Energie der Karten verbinden. Du solltest das Deck gleich nach dem Kauf energetisch reinigen, ebenso immer vor und nach dem Legen der Karten.

Dafür gibt es verschiedene Vorgehensweisen. Such dir die Methode aus, die dir am ehesten zusagt. Schreib die Reinigungsmethoden, die du ausprobierst, in dein Journal und notier dir, wie du dich jeweils dabei gefühlt hast.

RÄUCHERN

Zünde ein Räuchermittel aus ethischen Quellen an, etwa Beifuß oder Palo Santo, und zieh dein Kartendeck ein paarmal durch den Rauch, bis es sich frei von jeglicher Energie anfühlt. Dies kann vor und nach dem Kartenlegen geschehen.

KRISTALLE

Bergkristall kann überflüssige Energie effektiv entfernen. Leg einfach einen Kristall vor und nach der Verwendung auf dein Deck. Du kannst den Kristall auch während der Aufbewahrung auf der Schachtel liegen lassen, um seine Energie zu reinigen, oder du legst ihn für einige Minuten auf das Deck, bevor du es benutzt oder weglegst. Auf die gleiche Weise kannst du auch schwarzen Turmalin verwenden, um negative Energie zu beseitigen. Bitte reinige auch die verwendeten Minerale von Zeit zu Zeit. Gib sie dazu in eine Schale mit Salz oder leg sie jeden Monat bei Neu- oder Vollmond aus.

ÜBUNG

Dein Deck befragen

Nachdem du dein Deck gereinigt hast, ist es an der Zeit, es zu befragen. Diese Übung, bei der du jede einzelne Karte kennenlernst, hilft dir, deine Verbindung zu deinem Deck zu vertiefen. Beginn damit, die Karten zu mischen, um deine Energie mit der des Decks in Einklang zu bringen (weitere Informationen dazu findest du auf Seite 20). Leg dann alle Karten vor dir aus oder geh Karte für Karte durch den Stapel, um die Motive auf dich wirken zu lassen. Bestimmte Karten werden dir sofort auffallen.

Nimm nun dein Journal zur Hand und stell deinem Kartendeck die folgenden Fragen. Zieh eine Karte als Antwort auf jede Frage und nimm dir Zeit, um aufzuschreiben, was dir in den Sinn kommt, wenn du die Karte betrachtest.

- → Welche Arbeit wollen wir zusammen machen?
- → Was willst du mir über mich selbst beibringen?
- → Was möchtest du mir über die Welt beibringen?
- → Welche Karte beschreibt dich am besten?
- → Welche Karte beschreibt mich jetzt am besten?

Formuliere auf der Grundlage der gezogenen Karten und deiner Antworten auf die Fragen eine Intention für deine Tarotpraxis. Das ist eine positive Aussage, die oft mit »Ich bin« oder »Ich habe« beginnt und ausdrückt, was du willst. »Ich bin tief mit meinen intuitiven Kräften verbunden« und »Ich habe unbegrenzten Zugang zu meinem inneren Wissen« sind zum Beispiel zwei positive Intentionen, die ausdrücken, was du dir so sehr wünschst, als ob du es bereits hättest. Schreib deine Intention in dein Journal und denk regelmäßig daran, um die Veränderung zu bemerken, wenn sie wahr wird.

MONDLICHT

Leg dein Deck bei Voll- oder Neumond über Nacht oder für ein paar Stunden auf die Fensterbank oder draußen ins Mondlicht, um die Karten jeden Monat neu aufzuladen und zu reinigen. Die Energie des Mondes ist sehr stark. Wähle deshalb den Zeitpunkt aus, der sich für dich richtig anfühlt, um dich mit der Mondenergie zu verbinden.

ATEM DES LEBENS

Du kannst die Kraft des Atems nutzen, um dein Deck zu reinigen und zu klären. Atme zwei- bis dreimal tief in den Bauch ein und durch den Mund direkt auf dein Deck aus, um die Energie vor oder nach dem Kartenlegen zu klären.

KLOPFEN

Klopf zweimal mit den Fingerknöcheln auf die Oberseite des Kartendecks. Die Schwingung und der Ton, die dabei entstehen, sind auf deine persönliche Energiefrequenz abgestimmt und klären und reinigen deine Karten effektiv.

DIE KRAFT DER INTUITION

Das Tarot ist eine wunderbare Unterstützung, um zwei verschiedene innere Reaktionen zu unterscheiden – die eine ist die Intuition, bestehend aus deinem Bauchgefühl und deinem inneren Wissen, das du somatisch (also im Körper) wahrnimmst, die andere ist das Ego, das aus den Gedanken und Bedürfnissen besteht, die dein Verstand produziert, um dich zu schützen. Diese beiden Reaktionen geraten manchmal in Konflikt miteinander. Zum Beispiel kann dein Ego dich daran hindern, deine Komfortzone zu verlassen, und dadurch deine Intuition einschränken.

Sowohl der Verstand als auch das Ego brauchen Sicherheit und konkrete Antworten, und dieses Bedürfnis wird befriedigt, indem du die vorgegebene Bedeutung jeder Karte auswendig lernst. Obwohl es von Vorteil ist, die traditionellen Bedeutungen der Karten zu kennen und auf sie zurückzugreifen, ist das Tarot ein lohnender und sicherer Weg, um deine Intuition zu schulen, denn intuitive Legungen sind oft viel aufschlussreicher. Die Übungen in diesem Buch werden dir helfen, deine Intuition zu schärfen, indem du deinem Ego erlaubst, sich zu entspannen und dein inneres Wissen zum Vorschein kommen zu lassen. Je mehr du dich darin übst, die Bedeutung der Karten intuitiv zu erfassen, desto feiner wird deine Intuition. Und mit der Zeit wirst du lernen, die Karten so zu deuten, dass dein Wissen und deine Intuition über ihre Bedeutungen, die bei jeder Sitzung auftauchen, übereinstimmen.

DEIN EIGENES DECK GESTALTEN

Die Gestaltung deines eigenen Decks ist eine hervorragende Möglichkeit, um deine persönliche Beziehung zum Tarot zu vertiefen. Dabei kannst du verschiedene Techniken anwenden, auch wenn du nicht besonders künstlerisch begabt bist. So ist beispielsweise die Collage eine unterhaltsame und leicht zugängliche Möglichkeit, um ein Deck völlig neu zu gestalten. Experimentiere mit Farben, Schriftarten und Formen. Die Karten der großen Arkana eignen sich besonders gut, um damit anzufangen. Nimm die Energie jeder einzelnen Karte wahr, während du Bilder und Worte zusammenfügst, um die Essenz der Karte oder das, was sie für dich bedeutet, darzustellen.

Es kann ein zutiefst heilsamer und lehrreicher Prozess sein, deine Geschichte in deine Karten einfließen zu lassen. Als ich mein erstes Deck, das *Moon Void Tarot,* entwarf, tat ich das nur für mich selbst. Ich stellte mich selbst als den Narr dar, der mit geschlossenen Augen und einem Zauberstab in der Hand durch die Welt geht, gekrönt von einem Halbmond, der meine Reise ins Unbekannte symbolisierte, geführt von meiner Intuition. Es ist ein autobiografisches Deck. Dass ich mich selbst als einzige Figur eingesetzt habe, um jeden Archetyp der großen Arkana zu verkörpern, hat mir dabei geholfen, meine Intuition und mein Wissen über jede Karte zu verstehen und zu vertiefen. Der Bezug zu meiner eigenen Lebenserfahrung ist zutiefst reinigend und hat mir gezeigt, wie widerstandsfähig und mutig ich bin.

Wenn du noch nicht bereit bist, ein ganzes Deck zu entwickeln, dann entwirf doch zunächst nur eine Karte. Zeichne den Umriss einer Karte in dein Journal und wähl dann eine deiner Lieblingskarten aus. Zeichne oder schreib dann in das Feld der Karte alle Wörter, die für dich die Bedeutung der Karte zum Ausdruck bringen. Für meine innere Königin der Stäbe würde ich zum Beispiel die Begriffe »feurig«, »inspiriert«, »energisch«, »wild« und »Oberhexe« wählen. Diese Art von spielerischer Kreativität kann deine Intuition fördern.

KAPITEL 2

Die Tarotkarten legen

LASS DICH NICHT davon abschrecken, dass du gerade erst mit dem Tarotlegen anfängst. Jeder kann Tarotkarten legen! Schon deine erste Deutung ist eng mit der symbolischen Bedeutung des Decks verbunden. Alle Karten eines Decks sind an einer gemeinsamen Geschichte beteiligt, die damit beginnt, dass der Narr sich auf eine Reise in unbekanntes Terrain begibt und dabei seine Ängste und Selbstverurteilung überwindet. Genau das solltest du auch tun, wenn du in die Welt des Kartenlegens eintauchst.

DEINE ROLLE BEIM KARTENLEGEN

Beim Kartenlegen für dich selbst übst du, deine persönliche Lebenssituation aus der Vogelperspektive zu betrachten und gleichzeitig in deine Erfahrungen einzutauchen. Falls du starke Emotionen spürst, kannst du eine Karte ziehen, um dich mit dieser Energie zu beschäftigen. Du kannst dir Fragen stellen wie: *Worüber ärgere ich mich im Moment am meisten?* Oder: *Wie kann ich meinen Verstand in diesem Moment beruhigen?* Wenn du von deinen Gefühlen verwirrt oder überwältigt bist, konzentrier dich auf deinen Atem, um deinen Verstand zu beruhigen. Atme zwei- oder dreimal tief ein und aus und lausche, wie die Luft ein- und ausströmt, um klare und hilfreiche Antworten zu finden.

Wenn du die Karten für eine andere Person legst, nimm dir vor, deine persönlichen Gefühle auszublenden, um die Botschaften für deine/n Fragesteller*in (die Person, für die du die Karten liest) klarer zu empfangen. Deine Aufgabe besteht darin, die Karten auf der Grundlage ihrer vorgegebenen Bedeutungen zu interpretieren, kombiniert mit den intuitiven Botschaften, die du während der Legung erhältst. Ermutige deine/n Fragesteller*in, alle intuitiven Botschaften zu äußern, die sie/er selbst beim Betrachten der Karten erhält, aber versuch nicht, ihr/ihm eine bestimmte Antwort oder Richtung vorzugeben. Nimm die Reaktionen der/des Fragestellenden nicht persönlich, denn du interpretierst nur die Karten, die vor dir liegen. Wenn die/der Fragesteller*in dich um Rat bittet, wie sie/er weiter vorgehen soll, kannst du frei entscheiden, ob du ihr/ihm konkrete Maßnahmen vorschlagen möchtest oder nicht. Du könntest zum Beispiel dein Deck nach einer Botschaft fragen, welche nächsten Schritte die/der Fragesteller*in unternehmen kann, um eine bestimmte Situation zu lösen. Das Ziehen von ein oder zwei zusätzlichen Karten kann helfen, das Gespräch zu lenken und es dir und der/dem Fragesteller*in zu ermöglichen, gemeinsam zu entscheiden, was nach dem Kartenlegen geschehen soll.

DIE KARTEN LEGEN

Um beim Kartenlegen ein klares und genaues Ergebnis zu erhalten, solltest du eine Reihe von Schritten befolgen, zu denen das Erden, das Mischen, das Teilen des Decks und das Auslegen der Karten nach einem bestimmten Muster, dem Legesystem, gehören. Traditionell wählen wir ein bestimmtes Legesystem, bevor wir mit der Deutung beginnen. Das beliebteste Legesystem ist das Keltische Kreuz mit zehn Karten. Es gibt aber auch einfache Legesysteme mit drei Karten, die perfekt für

Anfänger*innen geeignet sind (siehe Kapitel 3, Tarot-Legesysteme, ab Seite 32). Sie sind leichter zu verstehen und bilden die Grundlage für komplexere Legesysteme.

Bevor du beginnst, nimm dir bitte einen Moment Zeit, um ein Räucherstäbchen oder eine Kerze anzuzünden, oder atme ein paarmal tief durch, während du deinen Lieblingskristall in der Hand hältst. Es gibt keinen richtigen oder falschen Weg, dies zu tun; deine spirituelle Praxis ist etwas sehr Persönliches. Wichtig ist, dass du etwas tust, das dir hilft, dich für klare Botschaften zu öffnen.

SCHRITT 1: ERDUNG

Bevor du mit dem Kartenlegen beginnst, ist es sinnvoll, deine Energie zu erden, damit du dich während der Legung mit der universellen Energie verbinden kannst. Der Prozess der Erdung verbindet deinen unruhigen Geist mit deinem Körper und deinen Körper mit der Erde. Atme ein paarmal tief ein und aus, um deinen Geist zu klären. Spür, wie dein Atem vom Kopf bis zu den Füßen deinen ganzen Körper durchströmt. Stell dir nun vor, dass deine Füße mit dem Boden verbunden sind, und visualisiere Wurzeln, die von deinen Füßen in die Erde wachsen. Kehr in den Raum zurück, öffne deine Augen und beginn mit der Legung der Karten. Wenn du die Karten für jemand anderen legst, lade die/den Fragesteller*in ein, sich dir anzuschließen und mit dir gemeinsam zu atmen. So stimmst du dich auf die Energiefrequenz der/des Fragenden ein und kannst Botschaften in ihrem/seinem Namen empfangen.

SCHRITT 2: DIE KARTEN MISCHEN

Das Mischen der Karten ist die beste Art, um sich vor dem Kartenlegen auf die Energie des Decks einzustimmen. Es gibt keine richtige oder falsche Art zu mischen, also kannst du ruhig experimentieren, bis du deinen Stil gefunden hast. Auch wenn beim Mischen Karten auf den Boden fallen oder das ganze Deck durch die Gegend fliegt, ist das völlig in Ordnung. Das macht nämlich nichts!

Wenn du die Karten für dich selbst legst, mischst du sie so lange, bis du das Gefühl hast, dass sich deine Energie nahtlos mit der des Decks verbindet. Beweg die Karten weiter, während du dir das Thema deiner Frage vorstellst, und richte deine Intention darauf aus, klare Botschaften zu erhalten. Wenn du die Karten für jemand anderen legst, kannst du entweder für sie/ihn mischen oder die/den Fragesteller*in mischen lassen, um ihre/seine Energie mit den Karten zu verbinden. Ich ziehe es vor, für meine Klient*innen zu mischen, weil ich sicher bin, dass ich ihre Energie durch eine gemeinsame Erdungspraxis lenken kann, aber vielleicht geht es dir anders, besonders wenn du gerade erst anfängst.

SCHRITT 3: DIE KARTEN TEILEN

Mit deiner dominanten Hand, der sogenannten Aktionshand, teilst du die Karten, um deine Energie mit der der Karten zu verbinden. Dies bedeutet, dass du dich entscheidest, aktiv zu werden und die göttliche Führung einzuladen. Wenn du die Karten bis zu einem Punkt gemischt hast, der sich für dich richtig anfühlt, teilst du sie mit deiner Aktionshand in zwei oder drei gleich große Stapel. Füg danach mit deiner Aktionshand die verschiedenen Stapel wieder zu einem Stapel zusammen. Wenn es dir lieber ist, dass dein/e Fragesteller*in direkt mit den Karten interagiert, kann sie/er den Stapel teilen und ihn wieder zusammenfügen.

SCHRITT 4: KARTEN ZIEHEN

Nachdem Karten auf einem Stapel liegen, wählst du mit deiner nicht dominanten Hand (der sogenannten Intuitionshand) eine oder mehrere Karten aus. Du kannst die Karten in der Hand halten und auffächern, das Deck vor dir auf dem Tisch oder dem Boden auslegen oder vom obersten gemischten Stapel ziehen. Zieh die Karten immer mit deiner Intuitionshand. Experimentiere ruhig mit den Methoden.

SCHRITT 5: DIE KARTEN AUSLEGEN

Je nachdem, für welches Legesystem du dich entscheiden hast (siehe Kapitel 3, ab Seite 32), ziehst du die Karten für jede Position dieses Systems. Dabei stellst du eine Frage nach der anderen (oder sagst laut oder in Gedanken, was die jeweilige Position bedeutet), ziehst dann deine Karte und lässt sie verdeckt liegen, bevor du zur nächsten Frage übergehst. Je besser du die Position der Karten beim Auslegen kennst, desto leichter fällt es dir, komplexere Legesysteme wie das Keltische Kreuz auszulegen.

Beginn am besten mit einfacheren Legesystemen mit drei oder weniger Karten und achte darauf, dass du alle Karten verdeckt hältst, bis alle Fragen gestellt wurden. So erhältst du die genaueste Deutung. Solltest du das Kartenbild sehen, bevor du die nächste Frage stellst, beeinflusst ihre Energie die folgenden Karten, die noch gezogen werden, und überlagert deine Intuition.

Du kannst bei deinen Deutungen auch eine Signifikatorkarte verwenden. Diese Karte wird nicht zufällig gezogen, sondern speziell ausgewählt, um dir bei der Deutung zu helfen. Zieh die Signifikatorkarte aus dem Deck und leg sie mit der Bildseite nach oben ab, bis du mit dem Mischen der Karten fertig bist. Zum Beispiel kann die Karte der Liebenden als Signifikatorkarte in einer Legung für eine Liebesbeziehung verwendet werden, während die Karte der Gerechtigkeit als Signifikatorkarte in einer Legung für eine rechtliche Frage geeignet ist.

SCHRITT 6: DIE KARTEN AUFDECKEN

Auch hier gibt es keinen richtigen oder falschen Weg. Nimm dir beim Aufdecken jeder Karte einen Moment Zeit, um das jeweilige Motiv zu betrachten und auf dich wirken zu lassen, bevor du dich mit seiner Bedeutung auseinandersetzt. Bei einer Legung für dich selbst schreibst du deine intuitiven Beobachtungen in dein Journal. Wenn du die Karten für jemand anderen legst, teilst du dieser Person mit, was du wahrnimmst, ohne zu werten oder zu urteilen.

SCHRITT 7: DIE KARTEN DEUTEN

Wenn alle Karten, die du für das gewählte Legesystem brauchst, vor dir liegen, konzentrierst du dich auf ihre Gesamtwirkung. Dominiert eine bestimmte Farbe – Schwerter, Kelche, Münzen oder Stäbe? Wenn mehr als eine Karte einer bestimmten Farbe auftaucht, kann das ein Hinweis auf die Art der Energie sein, die dein Legesystem bestimmt. Liegen die Karten aufrecht oder auf dem Kopf? Bei einer aufrechten Karte siehst du das Bild wie gewünscht vor dir, bei einer umgekehrten Karte steht das Bild auf dem Kopf. Je nach Ausrichtung des Bildes hat eine Karte eine andere Bedeutung. Eine ausführliche Übersicht über die Deutung von umgekehrt liegenden Karten findest du auf Seite 24.

Sind Karten der großen Arkana dabei? Wenn diese Karten uns eine Geschichte erzählen würden, welche wäre das? Wie beeinflusst ihre Position im Legesystem ihre Bedeutung als Einzelkarten? Versuch, dir selbst eine Geschichte zu den Karten auszudenken, bevor du dich auf ihre Beschreibung verlässt. Weitere Hinweise zur Deutung findest du im Abschnitt »Die Karten deuten« ab Seite 23.

Während der Deutung kann es passieren, dass du die traditionelle Bedeutung einiger Karten vergisst – das ist ganz normal! Atme tief durch, entspann dich und lass die Bilder der Karten zu dir sprechen. Vertrau den Worten, Ideen und Sätzen, die in dir entstehen.

SCHRITT 8: DIE KARTEN ENERGETISCH REINIGEN

Am Ende jeder Kartenlegung bedanke ich mich bei meinen Karten für ihre Botschaften. Dankbarkeit ist für deine Tarotpraxis ebenso wichtig wie das Festlegen deiner Intention für das Kartenlegen. Wenn du dich bei deinem Kartendeck bedankt hast, reinigst du es von der Energie der beendeten Legung, indem du zweimal auf das Deck klopfst oder einen Bergkristall darauflegst. Wenn du die Karten für eine andere Person legst, solltest du zusätzlich eine energetische Reinigung mit

Räucherstäbchen aus ethischen Quellen durchführen, um die Energie dieser Person zu entfernen.

SCHRITT 9: DAS DECK AUFBEWAHREN

Manche bewahren ihre Tarotkarten in einer Holzkiste oder in einem Stoffbeutel auf, andere ziehen es vor, sie wieder in ihre Verpackung zu stecken und diese auf einem Regal oder in einer Schublade aufzubewahren. Ich habe ein eigenes Regal für meine Decks und einige liegen dort in ihrer Schachtel. Meine wertvollsten Decks bewahre ich in Stoffbeuteln zusammen mit einem Bergkristall auf. Leg deine Karten so ab, dass sie nicht geknickt oder eingerissen werden. Achte darauf, welche Gegenstände sich in der Nähe deines Decks befinden, wenn es nicht verwendet wird. Wenn du die Karten zum Beispiel in einer Schublade aufbewahrst, in der alles kreuz und quer liegt, ist das nicht gerade die beste Energie, um klare Botschaften zu erhalten. Leg sie stattdessen an einen Ort, der dich inspiriert und beruhigt.

DIE KARTEN DEUTEN

Wie du jetzt weißt, gibt es zwei Möglichkeiten, um die Tarotkarten zu interpretieren – durch dein Wissen über die traditionellen Bedeutungen der Karten und indem du deiner Intuition folgst. Bevor wir uns der Deutung der Karten zuwenden, möchte ich noch einmal auf die beiden Deutungsmethoden eingehen.

Jede Karte im Deck ist mit einer bestimmten traditionellen Bedeutung und mit Schlüsselbegriffen verbunden, von denen eine für die aufrechte und eine für die umgekehrte Position gilt. Auf den Tarotkarten sind Archetypen abgebildet, die im Lauf der Menschheitsgeschichte in unzähligen Märchen und Mythen entstanden sind. Ihre jeweiligen überlieferten Bedeutungen begegnen uns praktisch in allen Kartendecks. In diesem Buch konzentrieren wir uns auf die universellen Bedeutungen und nicht auf die historische Symbolik. Wenn du mit dem Kartenlegen und Deuten beginnst, können dir die traditionellen Bedeutungen dabei helfen, Informationen aus deiner Legung abzuleiten, etwa wie die Bilder der einzelnen Karten mit den Farben zusammenhängen oder welche Bedeutung eine Situation aufgrund der gezogenen Karten der großen und kleinen Arkana hat.

Die intuitive Bedeutung der Karten erschließt sich dir, wenn du dich auf deine Gefühle und dein inneres Wissen konzentrierst. Natürlich steht es dir frei, die traditionelle Bedeutung nachzulesen, aber scheu dich nicht, auch Ideen oder Interpretationen zu äußern, die dir beim Kartenlegen in den Sinn kommen. Je mehr du deine eigenen Interpretationen zulässt, desto intensiver arbeitest du mit deiner Intuition. Vergiss nicht, dass du dich sowohl auf dein Wissen als auch auf deine Intuition stützen musst, um eine fruchtbare und aussagekräftige Legung zu erhalten.

Unabhängig davon, welche Karten du ziehst, solltest du dich daran erinnern, dass du (und dein/e Fragesteller*in) den freien Willen über deine Entscheidungen hast. Wenn das Legesystem dir etwas Beunruhigendes mitteilt, kannst du entscheiden, ob du mit der Energie arbeiten oder sie verändern willst.

NARRATIVE DEUTUNG

Bei einer narrativen Deutung werden alle Karten zusammen betrachtet, um eine vollständige Geschichte zu erzählen. Versuch dies mit kleineren Legesystemen, etwa mit drei Karten. Legst du zum Beispiel drei Karten, kannst du die traditionellen Schlüsselbegriffe, die jeder Karte zugeordnet sind, zu einem Satz zusammenbauen. Angenommen, du ziehst den Narr, die Drei der Stäbe und die Acht der Münzen, dann erhältst du die Schlüsselwörter »Neuanfang, Freiheit«, »Expansion, Wachstum« und »Harte Arbeit, Produktivität«. Daraus könntest du folgenden Satz bilden: »Ein Neuanfang gibt dir die Möglichkeit, dein Potenzial zu erweitern und eine produktivere berufliche Laufbahn einzuschlagen.« Du kannst auch die intuitiven Botschaften, die du von jeder Karte bekommst, nutzen, um deinen einfachen Satz zu erweitern, indem du den Karten erlaubst, dir Hinweise auf tiefere Bedeutungen zu geben.

UMGEKEHRTE KARTEN

Wenn du eine Karte ziehst, bemerkst du zunächst die Ausrichtung des Bildes – es liegt aufrecht oder umgekehrt. Eine Karte mit einem umgekehrten Bild hat eine andere Bedeutung, als wenn sie aufrecht liegt. Bei der Bestimmung der Botschaft, die dir die Karte zu vermitteln versucht, spielt deine Intuition eine große Rolle. Anfangs fällt es dir vielleicht schwer, umgekehrte Karten zu deuten. Es steht dir frei, alle Karten so lange in ihrer aufrechten Bedeutung zu interpretieren, bis du dich mit den umgekehrten Karten vertraut gemacht hast. Du kannst dich auch dafür entscheiden, gar keine umgekehrten Karten zu deuten.

Meiner Erfahrung nach können umgekehrte Karten verschiedene Bedeutungen haben. Lass dich von deiner Intuition leiten, um ihre Bedeutung in einer Legung zu erkennen. Eine umgekehrte Tarotkarte kann auf Folgendes hinweisen.

EINE WARTEZEIT: Die aufrechte Energie der umgekehrten Karte ist vielleicht noch nicht so weit, dass du sie vollständig integrieren kannst. Sie ist auf dem Weg, aber es muss noch etwas geschehen, bevor sie ankommt und sich manifestiert. Der umgekehrte Ritter der Münzen könnte zum Beispiel bedeuten, dass sich eine wunderbare neue berufliche Chance auftut, die aber noch eine Weile auf sich warten lässt. Das bedeutet: Hab Geduld und bleib optimistisch.

EINE BLOCKADE DER AUFRECHTEN BEDEUTUNG: Die umgekehrte Karte kann auf eine energetische Blockade hinweisen, die die aufrechte Energie betrifft. Das umgekehrte Ass der Kelche könnte zum Beispiel bedeuten, dass eine neue Beziehung zwar möglich ist, du aber erst sicherstellen musst, dass du deine Energie auf deine Selbstliebe richtest und dich um deine eigenen Bedürfnisse kümmerst.

INNERES VERSUS ÄUSSERES: Die umgekehrte Karte kann auf etwas hinweisen, das sich in dir abspielt und nicht außerhalb von dir. Die umgekehrte Sechs der Schwerter kann zum Beispiel bedeuten, dass du nur ungern über deine Probleme sprichst oder Menschen, denen du wichtig bist, um Hilfe bittest, und dass dich das bremst.

ENERGIERICHTUNG: Angenommen, du legst je eine Karte für Vergangenheit, Gegenwart und Zukunft, und die mittlere Karte (repräsentiert die Gegenwart) liegt auf dem Kopf. Zeigen die Figuren oder Symbole auf dieser mittleren Karte in die Vergangenheit oder in die Zukunft? Du könntest zum Beispiel den Herrscher für die Vergangenheit ziehen, den umgekehrten Ritter der Kelche für die Gegenwart und die Zwei der Stäbe für die Zukunft. Wenn der umgekehrte Ritter dem Herrscher in der Vergangenheit den Kelch anbietet, statt ihn auf die Zwei der Stäbe in der Zukunft zu richten, zeigt das, dass du Energie darauf verwendest, etwas aus der Vergangenheit zu kitten, statt einen Neuanfang zu wagen.

DIE HOFKARTEN

Bube, Ritter, Königin und König sind die Hofkarten, also die Herrscher ihrer jeweiligen Farbe. Wie ich bereits in Kapitel 1 erwähnt habe, haben sie die Lektionen,

ÜBUNG

Eine Tageskarte ziehen

Dieses einfache tägliche Legeritual ermöglicht es dir, regelmäßig mit den Tarotkarten zu arbeiten, ohne dich mit komplizierten Fragen und Deutungen zu überfordern. Am Anfang kannst du jede Karte aufrecht lesen, um eine solide Wissensbasis zu schaffen, bevor du dich mit den umgekehrten Karten beschäftigst. So könnte das Ziehen einer Tageskarte ablaufen:

1. Nachdem du dir eine Tasse Kaffee oder Tee gemacht hast, nimmst du dein Journal und richtest deinen Platz ein.
2. Reinige die Energie der Karten und nimm ein paar tiefe Atemzüge, um deinen Geist zu klären.
3. Während du die Karten mischst, fragst du sie leise oder laut: *Was muss ich heute wissen?* Zieh dann eine einzelne Karte aus dem Deck und schenk ihr deine volle intuitive Aufmerksamkeit.
4. Notiere in deinem Journal die Tageskarte und die Gedanken, die dir bei ihrem Anblick durch den Kopf gehen. Welche Gefühle oder Reaktionen löst das Bild der Karte bei dir aus?

Durch das Aufschreiben deiner ersten Gedanken und Gefühle beim Anblick der Tageskarte trainierst du deine Intuition. Warte, bis du alle Gedanken aufgeschrieben hast, bevor du die traditionelle Bedeutung der Karte nachschlägst. Überprüfe, ob diese Bedeutung mit deinen intuitiven Botschaften übereinstimmt. Entspricht die traditionelle Bedeutung der Karte deiner Intuition? Manchmal liegen sie weit auseinander. Meiner Erfahrung nach ist das ein Signal deiner Intuition, dass du auf Themen in deinem Leben achten solltest, die mit dieser bestimmten Karte zu tun haben. Vertrau darauf, dass jede Karte jeden Tag die richtige Botschaft für dich bereithält.

die mit dem Ass beginnen und mit der Zehn enden, bereits durchlaufen. Hofkarten können für manche Menschen schwierig zu deuten sein, da wir dazu neigen, den Rollen, die sie repräsentieren, ein Geschlecht zuzuordnen. Du kannst die Hofkarten in deiner Deutung aber bewusst geschlechtsneutral interpretieren. Achte nicht auf ihr Geschlecht, sondern auf die Informationen, die sie je nach ihrer Meisterschaft in den vier Farben und den vier Elementen, die ihrer Farbe zugeordnet sind, geben. Hier eine kurze Übersicht:

BUBEN sind die Anfänger unter den Hofkarten. Sie haben Erfahrung mit ihrer jeweiligen Farbe, sind aber noch keine Ritter, die in die Welt ziehen.

RITTER zeigen an, wie schnell ein Ereignis abläuft (Feuer brennt zum Beispiel schneller, als Wasser fließt, und so weiter). Die Aufgabe des Ritters besteht darin, jedes Element zu erfahren und die nächste Stufe der Meisterschaft zu erlangen.

KÖNIGINNEN repräsentieren die aufnehmende Energie ihrer Farbe, sie sind fürsorglich und empfangen auf der Herrscherebene, was ihnen selbst und anderen direkt zugutekommt.

KÖNIGE repräsentieren die aktive Energie ihrer Farbe und übernehmen aufgrund ihrer Erfahrung Macht- und Führungspositionen.

NUMEROLOGIE

Jede Karte ist mit einer Zahl versehen, und diese Zahlen können zusätzliche Hinweise auf ihre Bedeutung geben. Obwohl es 22 Karten der großen Arkana gibt, werden in der Numerologie, der Lehre von der Zahlensymbolik, alle mehrstelligen Zahlen auf 1 bis 10 reduziert. Um zum Beispiel die numerologische Bedeutung der Sonne (Kartennummer 19) zu erhalten, addiert man 1 + 9 = 10.
Schau dir die Assoziationen zu jeder Zahl in der folgenden Liste an und mach dich mit ihnen vertraut, um dein Wissen in die Deutungen einfließen zu lassen. Ich habe die Erfahrung gemacht, dass mir dieses Wissen hilft, mich an die traditionellen Bedeutungen jeder Karte zu erinnern, ohne sie nachschlagen zu müssen. So weiß ich zum Beispiel, dass der Herrscher mit der Zahl 4 assoziiert ist, die für Struktur, Sta-

bilität und Selbstvertrauen steht. Wenn dir dieser Abschnitt im Moment noch zu kompliziert erscheint, kannst du ihn vorerst überspringen und später, wenn du dich bereit fühlst, wieder einsteigen!

1 — Das Individuum, Neuanfang
2 — Wahlmöglichkeit, Dualität, Partnerschaft
3 — Kreativität, Kooperation, Gemeinschaft
4 — Struktur, Stabilität, Selbstvertrauen
5 — Wandel, Instabilität, Verlust
6 — Balance, Wahlmöglichkeit, Harmonie
7 — Inspiriertes Handeln, Magie
8 — Unendlichkeit, Erfolg, Macht
9 — Einsamkeit, Nähe zur Vollendung
10 — Vollendung, Ende eines Zyklus

HÄUFIG GESTELLTE FRAGEN

In meiner Tarotpraxis begegnen mir alle möglichen Fragen, sowohl von Schüler*innen als auch von Klient*innen. So wurde ich gefragt: »Sind dunkle Wesenheiten in den Karten gefangen?« (Nein!) Und: »Wie viele Kinder werde ich bekommen?« (Das kann das Tarot nicht sagen.) Oft werde ich gefragt, wie man seinen eigenen Deutungsstil entwickeln kann, welches Deck am besten geeignet ist und vieles mehr. Hier sind einige Beispiele für häufig gestellt Fragen:

F: **Welche Art von Fragen soll ich dem Tarot stellen?**
A: Stell produktive Fragen anstelle von Ja-, Nein-, Wann-, Wie- oder Warum-Fragen. Falls dir das anfangs schwerfällt, kannst du deine Frage umformulieren. Statt »Wann werde ich meinen Seelenverwandten treffen?« fragst du: »Welche Karte repräsentiert meine aktuelle Beziehungsenergie?« oder »Was kann ich tun, um offen und empfänglich für eine gesunde Liebesbeziehung zu sein?«. Wenn es um Geld und Karriere geht, solltest du nicht fragen: »Wann bekomme ich eine Gehaltserhöhung?«, sondern: »Wie kann ich meine Energie einsetzen, um mein Einkommen zu erhöhen?« oder »Welches verborgene Potenzial sollte ich erkennen, um mehr Wohlstand zu erlangen?«.

ÜBUNG

Verschiedene Kartendeutungen

Als Anfänger*in im Kartenlegen kann es schwierig sein, sich die traditionelle Bedeutung der einzelnen Karten und alle Facetten ihrer Deutung zu merken. Konzentrierte Deutungen machen es dir etwas leichter, weil du dich dabei auf bestimmte Aspekte der Karten einstellen kannst. Halte deine Erfahrungen mit konzentrierten Deutungen in deinem Journal fest: Was hat dich angesprochen und was hast du gelernt? Du kannst jede dieser Methoden jederzeit in deine Tarotpraxis einbauen.

ZAHLENDEUTUNG

Bei dieser Lesung konzentrierst du dich nur auf die Zahl auf jeder Karte und achtest darauf, wie die Symbolik der Zahl (siehe »Numerologie«, ab Seite 27) das Bild und die Energie der Karte verstärkt. Zieh drei Karten, ohne Fragen zu stellen. Versuch, dich bei jeder Karte an die Symbolik ihrer Zahl zu erinnern. In einem Legesystem kannst du auch die Zahlenwerte der Karten addieren und die errechnete Summe für deine Deutung verwenden. Ein Beispiel: Du ziehst die Sieben der Münzen (7), die Gerechtigkeit (11) und die Sonne (19): 7 + 1 + 1 + 1 + 9 = 10. Die Zehn bedeutet Vollendung oder das Ende eines Zyklus. Du denkst vielleicht: *Toll, das Ende eines Zyklus, aber was kommt als Nächstes?!* Um diese Frage zu beantworten, kannst du einen Schritt weiter gehen und eine einzelne Zahl daraus machen, indem du die einzelnen Ziffern der 10 addierst, sodass 1 + 0 = 1 ergibt. Die Eins steht für die Stärke des Individuums, was bedeutet, dass du alles hast, was du brauchst, um zu wachsen und erfolgreich zu sein, und dass ein Neuanfang bevorsteht, sobald der aktuelle Zyklus abgeschlossen ist.

FARBDEUTUNG

Eine Farbdeutung basiert auf deinen intuitiven Gefühlen zu den Farben auf jeder Karte. Farben beeinflussen unsere Emotionen, und eine Farbdeutung eignet sich sehr gut, um deine energetische Verbindung zu deinem Deck zu intensivieren. Zieh drei Karten, ohne Fragen zu stellen. Achte bei jeder Karte auf die auffälligste Farbe. Im *Rider-Waite-Smith-Deck* hat die Drei der Schwerter einen melancholischen grauen Hintergrund mit einem leuchtend roten Herzen in der Mitte. Wie fühlst du dich beim Anblick dieses Bildes? Halte in deinem Journal fest, welche der Farben dir sofort ins Auge springen und welche Gefühle sie hervorrufen.

F: **Können die Karten zukünftige Ereignisse vorhersagen?**

A: Die Karten sagen nicht die Zukunft voraus, sondern liefern Informationen über die verfügbare Energie, die eine Situation umgibt. Wenn ein/e Fragesteller*in zum Beispiel nach einer neuen Beziehung fragt und du die Karte Drei der Schwerter ziehst, kann es sein, dass die Energie, die diese Situation umgibt, noch in der Heilungsphase ist. Die Person, die sich für diese Beziehung interessiert, ist vielleicht noch nicht emotional verfügbar, oder die/der Fragesteller*in erholt sich noch von seinem vergangenen Liebeskummer. Wenn du hingegen die Zwei der Kelche ziehst, umgibt die Energie der gegenseitigen Verbindung deine Frage.

Wenn die Karten deine Energie aufnehmen, können sie dir einen Einblick in das geben, was möglich ist. Konzentrier dich aber nicht nur auf das Ergebnis. Nutz die Karten stattdessen, um die Kräfte in deiner gegenwärtigen Realität zu identifizieren, die dir helfen können, dich in die Zukunft zu bewegen, die du gerne erschaffen möchtest. Auch in einer Legung der Vergangenheit, Gegenwart und Zukunft zeigt dir die Karte, die die Zukunft repräsentiert, was *möglich* ist. Dein freier Wille bestimmt, wie sich die Botschaften in der Zukunft auswirken.

F: **Wie überbringe ich schwierige oder traurige Botschaften?**

A: Bitte die/den Fragesteller*in vor der Legung um sein Einverständnis, alle Botschaften zu übermitteln, sowohl negative als auch positive. Wenn eine ungünstige Botschaft kommt, ziehst du eine oder zwei zusätzliche Karten, um zu zeigen, was aus der Situation gelernt werden kann oder welcher Hoffnungsschimmer in dieser schwierigen Zeit Trost spendet.

F: **Was ist, wenn die Botschaften keinen Sinn ergeben?**

A: Tief durchatmen – das passiert jedem Mal! Wenn deine Energie zerstreut ist, können die Karten deine mangelnde Erdung (oder die der/des Fragenden) widerspiegeln. Nachdem du tief durchgeatmet hast, ziehst du eine oder zwei klärende Karten. Diese Karten können Licht in eine verwirrende Deutung bringen. Ziehst du zum Beispiel die Königin der Kelche als klärende Karte, achte darauf, ob deine Intuition dich zu einer bestimmten Person oder einem emotionalen Erlebnis in deinem eigenen Leben führt. Dann weißt du, was die ursprünglichen Karten dir zeigen wollten. Wenn du eine Deutung für dich selbst machst, kannst du jederzeit von den Karten weggehen und dir Notizen über die Deutung machen. Deine Aufzeichnungen können dich zu einer vertieften Deutung führen, sobald du deinen Kopf wieder frei hast.

Wenn du die Karten für eine andere Person legst, scheu dich nicht, die/den Fragesteller*in um Hilfe zu bitten. Sei offen und transparent, lass sie/ihn wissen, dass die Botschaften widersprüchlich erscheinen, und frage sie/ihn, was sie/er gerade erlebt. Die meisten Menschen betrachten eine Legung als eine Art spirituelle Beratung und sind bereit, über ihre Gefühle zu sprechen. Nutz ihre Aussagen als Hintergrundinformation für die Karten, die du gezogen hast. Wenn das immer noch keinen Sinn ergibt, ist es völlig in Ordnung, das Kartendeck zu reinigen und neu zu mischen! Erde deine Energie und die deiner/deines Fragestellenden und beginn von vorn. Du fängst gerade erst an, sei also nicht so hart zu dir selbst, das haben wir alle schon erlebt.

F: **Wie gehe ich mit negativen Karten um?**

A: Kleine Überraschung: Es gibt keine negativen Karten! Karten wie der Tod, der Teufel und die Neun der Schwerter können uns konfrontieren, da sie uns auffordern, uns mit den weniger sonnigen Seiten unseres Lebens auseinanderzusetzen, aber sie sind nicht von Natur aus negativ oder schlecht. Jede Karte, die uns Unbehagen bereitet, weist auf einen Lebensbereich hin, den wir als Herausforderung empfinden. Wenn wir diesen Karten mit Neugierde statt mit Angst begegnen, schafft das Raum für mehr persönliches Wachstum und für Heilung.

ÜBUNG

Was siehst du?

Du kannst deine Intuition schulen, indem du die Bilder der einzelnen Karten betrachtest und deine Interpretationen in deinem Journal notierst. Schreib deine Gefühle und Assoziationen auf, ohne lange nachzudenken, um die Erfahrung zu verankern. Was spricht dich an? Sind es die Farben oder bestimmte Symbole? Halte deine intuitiven Deutungen und Gefühle schriftlich fest. Was auch immer zu dir kommt, ist genau das, was du empfangen sollst, daher solltest du es nicht hinterfragen.

In den folgenden Kapiteln dieses Buches, die Definitionen und Bedeutungen der Karten enthalten, findest du unter »Reflexion« je eine Frage zu jeder Karte, die du in deinem Journal beantworten kannst. Denk daran, dass das, was du selbst in den Karten siehst, genauso wichtig ist wie ihre traditionelle Bedeutung.

KAPITEL 3

Legesysteme

IM TAROT IST kein Thema tabu, sodass du dich in allen Bereichen deines Lebens durch Legungen unterstützen lassen kannst – von Beziehungen und Finanzen bis hin zu Spiritualität und Entscheidungen. Die meisten Tarot-Anfänger*innen finden es am einfachsten, mit simplen Legesystemen zu beginnen und sich so langsam mit ihren Karten vertraut zu machen. Zum Beispiel kannst du am Anfang jeden Tag eine einzelne Karte ziehen und dich dann langsam an Legesysteme mit zwei oder drei Karten herantasten. Mit zunehmender Sicherheit kannst du mit Legesystemen mit fünf Karten experimentieren und dich schließlich bis zum Keltischen Kreuz vorarbeiten. Bitte beachte, dass die Anleitungen für die komplexeren Legesysteme in diesem Kapitel voraussetzen, dass du bereits Erfahrung mit Legungen hast. Falls du also einige Seiten überspringst, könnten diese Anleitungen zu kompliziert für dich sein. Deshalb empfiehlt es sich, dass du dich erst einmal mit den einfacheren Legesystemen vertraut machst, bevor du zu den komplizierteren Legesystemen am Ende des Kapitels übergehst.

Loslassen und Beibehalten

LEGESYSTEM FÜR ZWEI KARTEN

1. LOSLASSEN

Was darf dein Leben verlassen oder hat zu viel von deiner Aufmerksamkeit und Energie in Anspruch genommen?

2. BEIBEHALTEN

Was brauchst du, um weiter zu wachsen?

Dieses kraftvolle Legesystem mit zwei Karten ist hilfreich, wenn du das Gefühl hast, zwischen alten Mustern oder Gewohnheiten und der Entwicklung neuer Verhaltensmuster festzustecken. Loslassen kann sich auf eine konkrete Sache oder Angelegenheit beziehen, wie zum Beispiel auf eine Beziehung, einen Job oder Gegenstände in deinem Zuhause, um Platz für etwas Neues zu schaffen, das in dein Leben kommen soll. Es kann aber auch für immaterielle Aspekte stehen, wie zum Beispiel für gewohnheitsmäßige Gedanken und Vorstellungen darüber, wie dein Leben sein sollte.

Taucht eine Karte der großen Arkana in einer der beiden Positionen auf, steht sie für eine große Entwicklung, während eine Karte der kleinen Arkana kleinere Veränderungen anzeigt, die jedoch große Wirkung haben können. Hör auf deine innere Stimme und achte auf deine erste emotionale Reaktion, wenn du diese Karten nebeneinander siehst. Schreib deine Gedanken und andere Beobachtungen in dein Journal.

Du kannst das Legesystem so belassen, wie es ist, oder die Botschaften erweitern, indem du dir die folgenden Zusatzfragen stellst und für jede Antwort eine Karte ziehst.

- → Wie kann ich mich selbst durch diese Veränderungen unterstützen?
- → Was kommt nach dem Loslassen?
- → Was möchte ich loslassen und was will ich stattdessen in mein Leben einladen?

Vorteil und Hindernis

LEGESYSTEM FÜR ZWEI KARTEN

1. VORTEIL

Ein Talent oder eine Fähigkeit

2. HINDERNIS

Etwas, das dich daran hindern könnte, deine Fähigkeiten zu entfalten

Tarot kann dir helfen, deine Talente zu entdecken und zu entwickeln. Das Legesystem mit zwei Karten konzentriert sich auf eine Stärke, die du vielleicht noch nicht kennst. Zudem deutet es auf etwas hin, das dich daran hindert, diese Stärke zu entdecken. Geh offen und neugierig auf deine spirituellen Gaben zu und öffne deinen Geist für das, was du entdecken könntest.

Sieh dir an, welche Karten jeweils in den beiden Positionen liegen. Eine Karte der großen Arkana hat mehr Gewicht als eine Karte der kleinen Arkana. Achte darauf, welche Farben vorhanden sind – Schwerter, Kelche, Münzen oder Stäbe. Wenn mehr als eine Karte eines bestimmten Elements auftaucht, kann dies ein Hinweis auf die vorherrschende Energie in deinem Legesystem sein. Öffne dich für die Botschaften der Karten, die dir deine Talente offenbaren und dir zeigen, in welchen Bereichen du vielleicht nicht in Einklang mit ihnen bist. Begegne dem, was du empfängst, mit Neugier statt mit Verurteilung.

Du kannst das Legesystem so belassen, wie es ist, oder die Botschaften vertiefen, indem du dir die folgenden Zusatzfragen stellst und für jede Antwort eine Karte ziehst.

- → Wie kann ich diesen Vorteil weiter ausbauen?
- → Wie kann ich loslassen, was mich behindert?
- → Wie kann ich meine Gaben in mein jetziges Leben integrieren?

Rat vom Universum

LEGESYSTEM FÜR DREI KARTEN

1. WAS DU WISSEN MUSST

Etwas, worauf du dich in Bezug auf die betreffende Situation, das Thema oder dein Leben konzentrieren solltest

2. EINE NEUE PERSPEKTIVE

Etwas, das du vielleicht nicht sehen kannst, eröffnet dir neue Möglichkeiten, um diese Situation zu verändern

3. WAS DU TUN KANNST

Ein praktikabler Schritt, der zu einem positiven Ergebnis führt

Du kannst dieses Legesystem mit drei Karten sowohl allgemein als auch spezifisch anwenden. Formuliere entweder eine Absicht zu einem Thema, das dich beschäftigt, oder bitte einfach das Universum um eine allgemeine Führung, wenn du unsicher bist. Oft stecken wir in engen Denkmustern fest, und dieses Legesystem hilft, die Möglichkeiten um uns herum zu erkennen, die für unser Wachstum förderlich sind.

Du kannst jede Karte einzeln und in Bezug auf ihre Position deuten. Welche Geschichte könnten diese Karten erzählen? Kannst du einen Satz bilden, der mit der ersten Karte beginnt, die zweite Karte einbezieht und mit der dritten Karte endet? Achte auf Elemente auf den Karten, die sofort ins Auge springen. Sei offen für die subtilen Wege, auf denen das Universum durch die Karten und ihre Symbolik mit dir kommuniziert. Bitte das Universum, dir im Laufe des Tages weitere Botschaften zu senden, die mit deinem Legesystem zusammenhängen. Beobachte, wie sich deine Situation zu verändern und zu erweitern beginnt, und halte deine Erfahrungen in deinem Journal fest.

Vergangenheit, Gegenwart und Zukunft

LEGESYSTEM FÜR DREI KARTEN

1. VERGANGENHEIT
Die Energie, die bereits hinter dir liegt

2. GEGENWART
Die Energie deiner aktuellen Situation

3. ZUKUNFT
Mögliche Ergebnisse oder Einflüsse, die vor dir liegen

Dieses klassische Legesystem mit drei Karten ist ein fantastisches Hilfsmittel, um ein bestimmtes Thema energetisch zu überprüfen. Wenn du zum Beispiel auf ein berufliches Ziel hingearbeitet hast, kannst du mithilfe des Legesystems sehen, woher du gekommen bist, wo du jetzt stehst und wohin du gehst. Das Legesystem kann für alle möglichen Situationen verwendet werden, einschließlich Beziehungen, persönliches Wachstum und Lebenssituationen, um nur einige zu nennen.

Sieh dir zuerst die Karte der Vergangenheit an: Ist es eine Karte der großen oder der kleinen Arkana? Liegt sie aufrecht oder umgekehrt? Was sagt dir deine Intuition über diese Karte? Passt sie zu der Situation, an die du gedacht hast, oder weist sie auf etwas hin, das du nicht bedacht hast? Schreib deine ersten Reaktionen auf, um die Bedeutung der Karte herauszufinden. Sieh dir dann die Gegenwartskarte an, beobachte und notiere alles so, wie du es für die Vergangenheitskarte getan hast, und geh abschließend bei der Karte für die Zukunft genauso vor.

Danach siehst du dir die drei Karten an. Nutz deine Intuition und lass dir von den Karten eine Geschichte erzählen. Sieht es so aus, als ob diese Karten im Fluss seien? Zeigt sich ein klares Thema oder eine Botschaft? Halte deine Eindrücke in deinem Journal fest und achte darauf, ob du im Laufe des Tages neue Erkenntnisse gewinnst.

Geist, Körper und Seele

LEGESYSTEM FÜR DREI KARTEN

1. GEIST
Rationales Denken, Bedürfnis nach Sicherheit und Gewissheit

2. KÖRPER
Was dein Herz bewegt; emotionale, intuitive Informationen deines physischen Körpers

3. SEELE
Deine Verbindung zur feinstofflichen Welt, zum Universum und zum Göttlichen

Dieses Legesystem bietet Klarheit und Einsicht in die drei grundlegenden Bereiche deiner Existenz – Geist, Körper und Seele – und in die wichtigen Botschaften, die sie bereithalten. Wenn du dir der Botschaften bewusst wirst, die du von jedem dieser drei Bereiche erhältst, kannst du lernen, mit ihnen zu arbeiten, was dich wiederum dazu befähigt, jeden Tag dein bestes Selbst zum Vorschein zu bringen.

Gerade bei Themen, die dich verunsichern oder in einen inneren Konflikt stürzen, ist es wichtig, zwischen deinem mentalen Zustand (negativen oder positiven Gedankenmustern) und den Emotionen, die du in deinem Körper spürst (Bauchgefühl, Unwohlsein, Aufregung, Traurigkeit usw.) zu unterscheiden. Die Seelenkarte hilft dir, den Zusammenhang zwischen dem Zustand deines physischen Körpers und der höheren Bestimmung deiner Seele zu verstehen. Betrachte jede Karte in Bezug auf ihre Position. Diese Botschaften kannst du in deinem Journal aufzeichnen und dir in Ruhe überlegen, was sie für dich bedeuten. Sieh dir dann die Karten zusammen als eine Geschichte an und achte auf die Bilder, Farben und Elemente. Dieses Legesystem eignet sich hervorragend für den Einstieg, da es dir hilft, mehr über dich selbst zu erfahren, indem du deine innere Landschaft erkundest, statt dich auf äußere Handlungen zu konzentrieren.

Deine aktuelle Beziehung

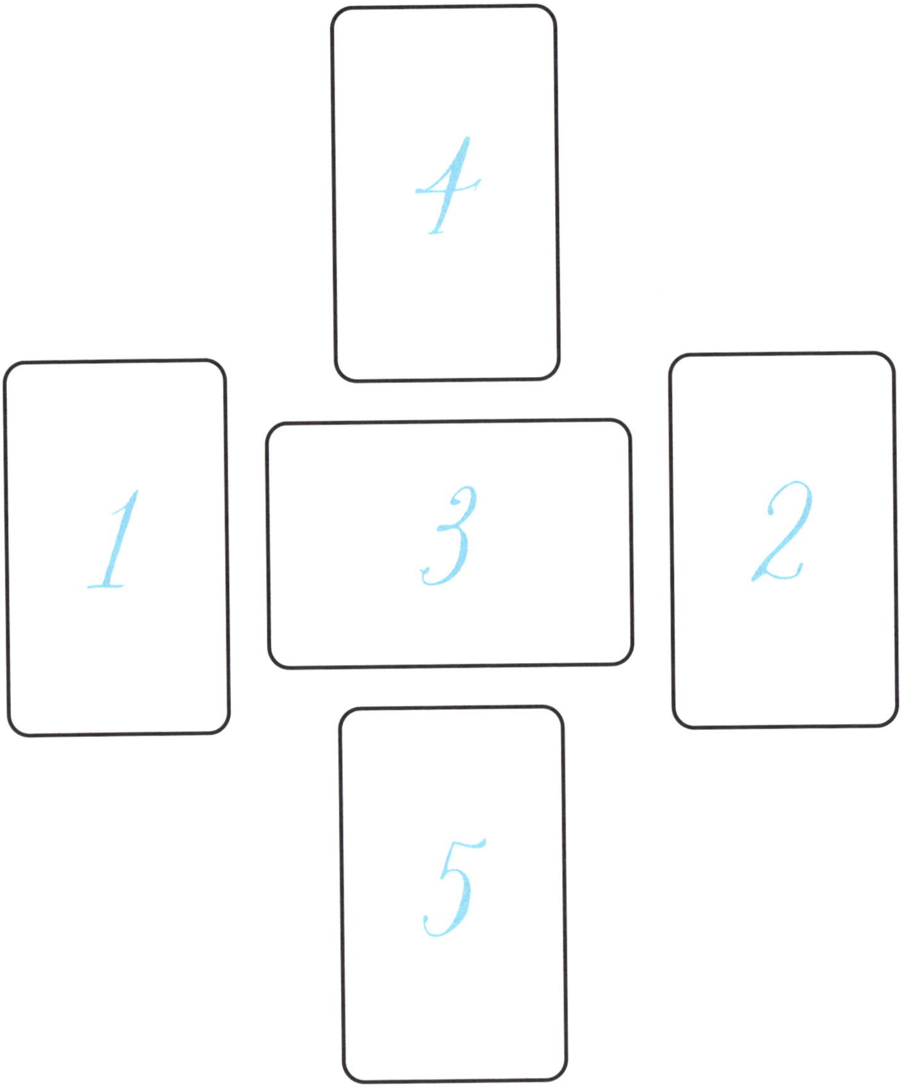

1. ICH
Deine Energie in der Beziehung

2. ER/SIE
Die Energie deines Partners/deiner Partnerin in der Beziehung

3. DIE BRÜCKE
Was euch beide verbindet, im Guten wie im Schlechten

4. STÄRKSTES POTENZIAL

Der stärkste Aspekt der Beziehung oder ein Bereich, der gefördert und gestärkt werden muss

5. SCHWÄCHSTES POTENZIAL

Der schwächste Aspekt der Beziehung oder ein Bereich, an dem gearbeitet werden muss

Beziehungen sind ein beliebtes Thema im Tarot. Bei einer Deutung zu den Themen Liebe oder Beziehung solltest du dich daran erinnern, dass man nichts und niemanden kontrollieren kann – nur das eigene Verhalten, Gefühle und Handlungen. Dieses Legesystem konzentriert sich auf die Energie, die deine aktuelle Beziehung umgibt, und ermöglicht dir Einblicke in und Klarheit über Bereiche, die je nach den Umständen deiner Situation gestärkt oder aufgelöst werden können. Du kannst dieses Legesystem für Liebesbeziehungen, Freundschaften, Familiensysteme und Geschäftsbeziehungen verwenden.

Betrachte zunächst nur die Karten, die dich und deine/n Partner*in repräsentieren. Welche Energie herrscht zwischen euch? Fühlt es sich ergänzend oder widersprüchlich an? Was auch immer an intuitiven Botschaften auftaucht, schreib sie in dein Journal.

Sieh dir nun die dritte Karte an, die die Brücke darstellt, die euch verbindet. Gibt es etwas auf den Bildern, das dich an eine Stärke, einen Charakterzug oder eine Erfahrung erinnert, die ihr gemeinsam habt und die euch verbindet? Wenn zwei Figuren zu sehen sind, was tun sie? Was hat das mit eurer Partnerschaft zu tun?

Die vierte und die fünfte Karte beschäftigen sich mit den Licht- und Schattenseiten der Beziehung. An diesen Aspekten muss gearbeitet werden, damit die Beziehung wachsen und gedeihen kann. Die vierte Karte zeigt dir, was im Moment am stärksten ist. Welcher Aspekt eurer Beziehung, der gut funktioniert oder sich stabil anfühlt, spiegelt sich in der Symbolik der Karte wider? Die fünfte Karte beleuchtet einen Aspekt, der Aufmerksamkeit oder Heilung braucht. Betrachte die Figuren und Symbole der Karte und stell die Verbindung zu eurer Beziehung her. Sind Personen oder Handlungen auf der Karte dargestellt? Wie kannst du sie mit Aspekten deiner Beziehung in Verbindung bringen, die sich nicht harmonisch anfühlen?

Deine mögliche Beziehung

1. ICH

Deine aktuelle Beziehungsenergie oder die Energie, die du in Bezug auf Liebe und Beziehungen ausstrahlst

2. WAS DIE LIEBE VON MIR VERLANGT

Was du brauchst, um dich auf die Beziehung auszurichten, die du suchst

3. BOTSCHAFT VOM UNIVERSUM

Schlüsselinformationen des Universums, deiner Geistführer, deines Höheren Selbst oder des Göttlichen über die mögliche Beziehung

4. MASSNAHMEN

Was kannst du tun, um dich auf eine mögliche Beziehung auszurichten?

5. WAS DU LOSLASSEN SOLLTEST

Eine sanfte Konfrontation mit etwas, das zu viel energetischen Raum einnimmt und losgelassen werden muss, um Raum für die Entstehung einer Beziehung zu schaffen

Vergiss bitte nicht, dass das Tarot nicht die Zukunft voraussagt, sondern dir dabei hilft, die Energie zu verstehen, die du in dein Leben bringst oder bringen musst, um bestimmte gewünschte Ergebnisse zu erhalten – in diesem Fall, eine neue Beziehung anzuziehen. Ob du auf der Suche nach Liebe, einem neuen Job oder deiner Seelenfamilie oder -gemeinschaft bist, dieses kraftvolle Legesystem zeigt dir, wo du wachsen, handeln und loslassen musst, um das zu manifestieren, was du dir wünschst. Es hilft dir, zu verstehen, wo du in diesem Moment stehst, um das energetische Potenzial einer neuen Beziehung zu erkennen.

Du kannst das Legesystem aufschlüsseln, indem du zuerst die Karten eins und zwei betrachtest und dir bewusst machst, wo du stehst und was nötig ist, um die gewünschte Beziehung zu verwirklichen. Die Karten spüren subtile verborgene Emotionen auf, wie zum Beispiel unterschwellige Traurigkeit, Angst, Furcht oder auch Bereitschaft und Begeisterung. Karte drei ist eine göttliche Botschaft zu deiner gegenwärtigen Situation, die dir weitere Hinweise zu dem gibt, was du aus den beiden vorhergehenden Karten gelernt hast. Wenn du über die Botschaften der ersten drei Karten nachgedacht hast, kannst du die Karten vier und fünf nutzen, um in Aktion zu treten und loszulassen. Denk über diese Botschaften nach, schreib sie auf und überleg dir, wie du an dir arbeiten kannst, um innere Veränderungen herbeizuführen, die Veränderungen im Äußeren bewirken.

Kombiniere wie immer deine eigenen Interpretationen der Karten mit ihren traditionellen Bedeutungen, um deine Schlussfolgerungen aus den Botschaften dieses Legesystems zu ziehen. Betrachte zum Beispiel die Themen, Farben, Figuren und Symbole der dritten Karte, der Botschaft des Universums. Welches dieser Elemente steht für das Göttliche? Welche Gefühle ruft das Bild in dir hervor? Denk darüber nach, bevor du die Bedeutungen nachschlägst.

Gesetz der Anziehung

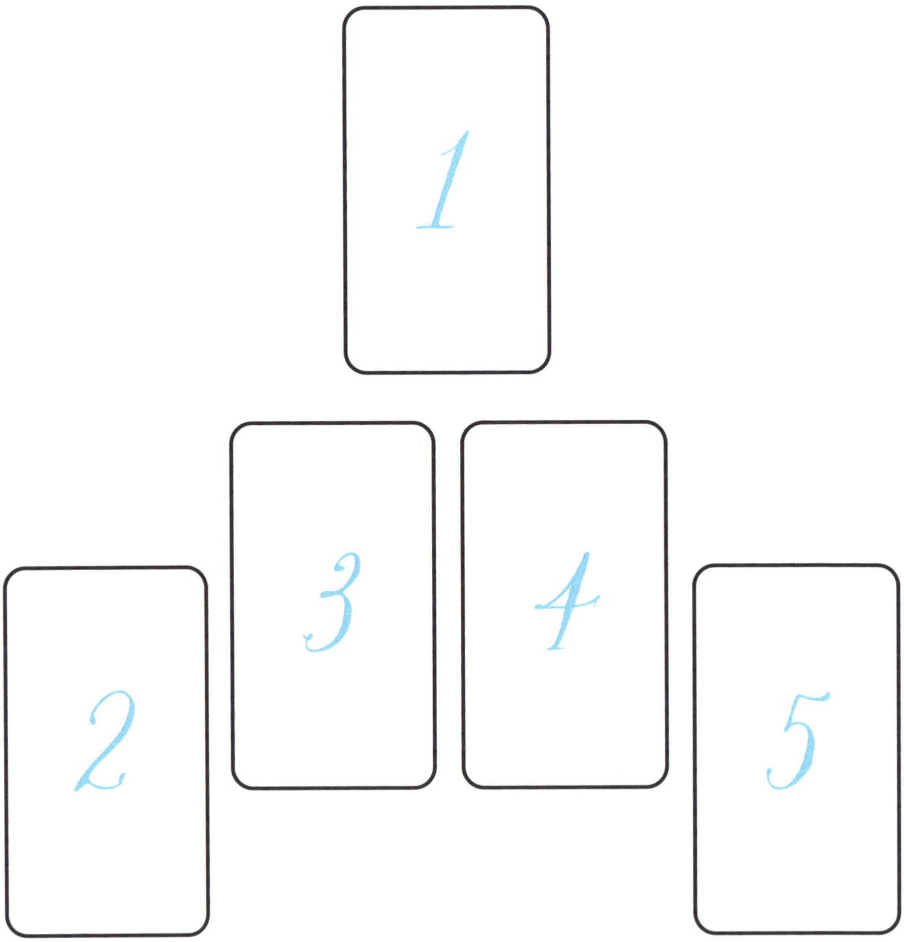

1.SIGNIFIKATORKARTE

Wähle eine Karte, die deiner gewünschten Manifestation entspricht (siehe Seite 21).

2. DEINE MOMENTANE ENERGIE

Deine derzeitige Schwingungsenergie in Bezug auf das, was du dir wünschst

3. DIE ENERGIE, DIE DU BRAUCHST

Die Schwingungsübereinstimmung, die du brauchst, um deine Wünsche zu erfüllen

4. WIE DU IN ÜBEREINSTIMMUNG KOMMST

Die innere oder äußere Handlung, die notwendig ist, um deine Energie so zu verändern, dass sie mit deinem Wunsch übereinstimmt

5. DAS LOSLASSEN DES WIE

Was du tun musst, um die Kontrolle über das Ergebnis loszulassen, indem du offen bleibst für die unbegrenzte Anzahl von Möglichkeiten, wie sich dein Wunsch manifestieren kann

Alles und jeder schwingt in einer bestimmten energetischen Frequenz, und je nachdem, wie du mit Situationen und Interaktionen umgehst, kehrt deine Energie zu dir zurück. Dieses kraftvolle Legesystem hilft dir, die Energie zu erkennen, die du mitbringst, und zu verstehen, wie du sie so verändern kannst, dass sie mit der energetischen Frequenz deiner Wünsche übereinstimmt. Dieses Legesystem kann auf Beruf, Finanzen, Partnerschaft, Gemeinschaft und Gesundheit angewendet werden. Alles, was du in dein Leben ziehen möchtest, beginnt damit, dass du dich mit der entsprechenden Energie in Einklang bringst.

Beginne mit den Gefühlen, die in dir aufsteigen, wenn du deine Signifikatorkarte, die deinen Wunsch repräsentiert, in Beziehung zu der Karte siehst, die deine gegenwärtige Energie repräsentiert. Schreib deine intuitiven Botschaften in dein Journal. Karte vier ist die Brücke zwischen den Karten zwei und drei; betrachte daher bitte die Geschichte dieser drei Karten zusammen. Die energetische Reise wird mit Karte fünf fortgesetzt, wenn du dich von deiner Intuition leiten lässt, um deine Perspektive auf die vielen Möglichkeiten zu erweitern, wie sich dein Wunsch manifestieren könnte. Du kannst dieses Legesystem zur Überprüfung wiederholen, um zu sehen, wie du dich energetisch neu ausrichtest, und alle Veränderungen notieren.

Eine Entscheidung treffen

1. MÖGLICHKEIT 1

Eine der Wahlmöglichkeiten bei einer anstehenden Entscheidung

2. MÖGLICHKEIT 2

Die andere Option, zu der auch die Entscheidung gehören könnte, nichts zu unternehmen

3. ENERGIE DER MÖGLICHKEIT 1

Die mit der ersten Option verbundene Energie

4. ENERGIE DER MÖGLICHKEIT 2

Die mit der zweiten Option verbundene Energie

5. ÄNGSTE

Deine Ängste in Bezug auf die Veränderung

6. VORTEILE

Die Vorteile, die sich aus der Entscheidung ergeben

LEGESYSTEM FÜR SECHS KARTEN

Wir machen uns ständig Sorgen, ob wir die richtigen Entscheidungen treffen, und diese Sorgen können zu Untätigkeit führen. Dieses hilfreiche Legesystem zeigt dir die Energie, die hinter deinen Entscheidungen steckt, damit du nicht in eine Sackgasse gerätst. Jede Entscheidung bringt dich weiter. Die einzige falsche Entscheidung ist die, gar keine zu treffen.

Achte auf die intuitiven Botschaften und Gefühle, die beim Betrachten der Karten eins und zwei auftauchen, und schreib sie in dein Journal. Diese beiden Karten haben meist symbolischen Charakter, da sie die Wahlmöglichkeiten repräsentieren. Achte darauf, wie deine Karten diese Optionen darstellen. Fällt dir etwas besonders an den Bildern auf, was dir Details der Optionen verrät, die du vorher nicht bedacht hast?

Betrachte dann die Aussagen der Karten drei und vier in Bezug auf die ersten beiden Karten. Die Karten eins und zwei stellen die Optionen dar, aber die Karten drei und vier sagen dir etwas über die Kräfte hinter diesen Möglichkeiten und über die Gründe, warum du vielleicht ausweichst oder zögerst. Welche Option scheint das Deck zu bevorzugen? Gibt es Informationen in den Bildern, die dir zeigen, warum die eine Option stärker sein könnte als die andere?

Dieselben Ängste, die intuitiv auftauchen, wenn du die Karte fünf siehst, können auf beide Optionen zutreffen, da sie zwei Seiten derselben Medaille sind. Betrachte Karte sechs, um die Vorteile und die Erleichterungen zu erkennen, die eine Entscheidung mit sich bringt. Deine Intuition wird dich zu der für dich richtigen Entscheidung führen.

Das Keltische Kreuz

1. GEGENWÄRTIGE SITUATION

Die Energie, die deine gegenwärtige Situation umgibt

2. ENTGEGENGESETZTE ENERGIE

Die Energie, die deiner Situation entgegensteht oder sie blockiert

3. HINTERGRÜNDE

Unbewusste Kräfte, die deine Situation beeinflussen

4. DAS OFFENSICHTLICHE

Was dir in Bezug auf deine Situation bewusst ist

5. WAS HINTER DIR LIEGT

Vergangene Ereignisse, die deine Situation beeinflussen

6. WAS VOR DIR LIEGT

Mögliche Ereignisse, die auf dich zukommen

7. DEINE GEFÜHLE

Gefühle in Bezug auf die Situation oder das, was dich bewegt

8. DIE GEFÜHLE ANDERER

Wie die Gefühle anderer die Situation beeinflussen

9. DEINE HOFFNUNGEN ODER ÄNGSTE

Entscheide intuitiv, ob die Karte deine Hoffnungen oder deine Ängste in der Situation darstellt.

10. MÖGLICHER AUSGANG

Ein wahrscheinlicher Ausgang der Situation

Dieses sehr beliebte Legesystem mit zehn Karten nimmt dich mit auf eine Reise durch die Vergangenheit, die Gegenwart und die Zukunft sowie durch deine innere und äußere Landschaft, während du dich auf einen positiven Ausgang zubewegst. Das Keltische Kreuz beleuchtet die Kräfte, die unser Leben beeinflussen, einschließlich unserer Gedanken und Wahrnehmungen der Vergangenheit, der Angst vor dem Unbekannten und der Art und Weise, wie wir unsere Entscheidungen von anderen beeinflussen lassen. Es ist viel einfacher, die Botschaften der Karten zu verstehen, wenn du die Legung in zwei Teile aufteilst (siehe Seiten 48–49). So kannst du die Ereignisse, auf die du keinen Einfluss hast, einteilen in das, was du denkst, in das, was du fühlst, und in das, was nicht zu dir gehört.

FORTSETZUNG ▸

Das Keltische Kreuz (Fortsetzung)

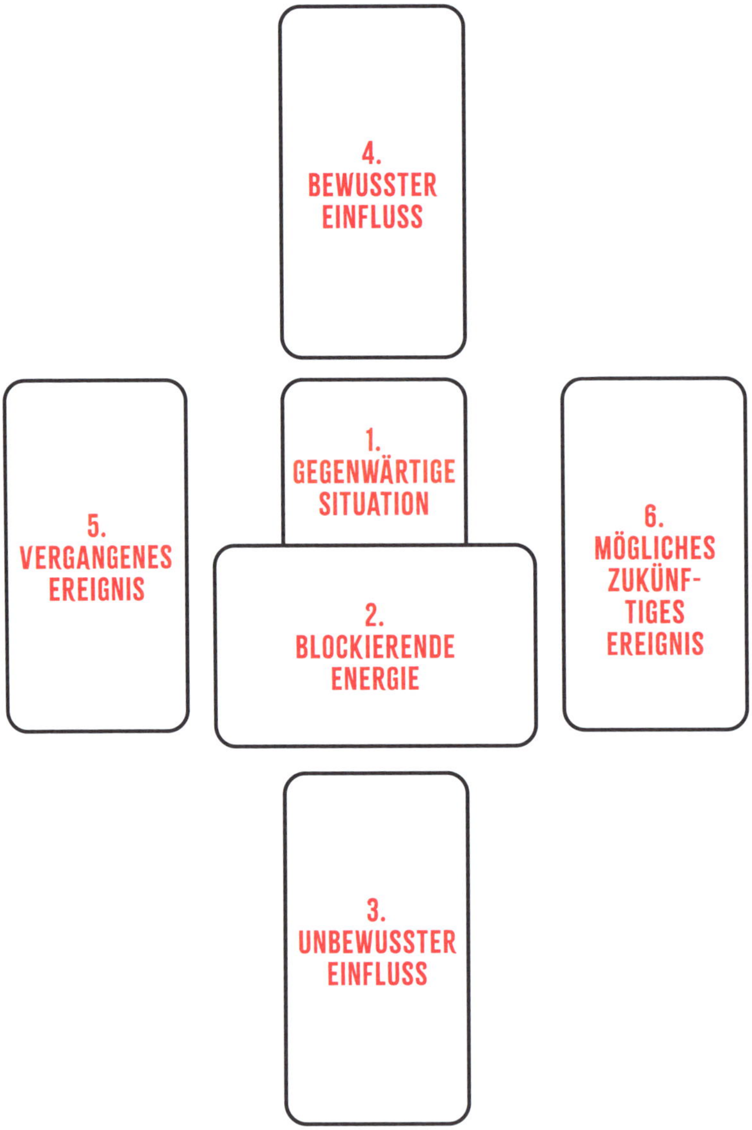

Die Karten eins und zwei stehen in direktem Gegensatz zueinander, was eine Spannung erzeugt. Die Karten drei bis sechs erklären diese Spannung. Die Karten drei und vier zeigen deinen inneren Prozess in Bezug auf die Situation, während die Karten fünf und sechs auf die äußeren Ereignisse hinweisen, die die Situation beeinflussen.

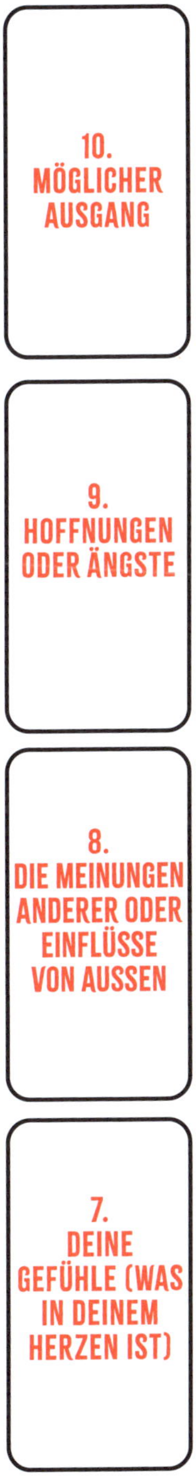

Die anderen vier Karten stellen die Leiter dar, die wir erklimmen müssen, um ein mögliches Ergebnis zu erreichen. Die Leiter besteht aus unseren eigenen Gefühlen gegenüber der Situation und dem Einfluss der Energie anderer Menschen auf unsere Realität. Bevor wir die Spitze erreichen, müssen wir uns unseren Ängsten und Hoffnungen stellen und zulassen, dass sie uns zu unserem Ziel führen. (Karte neun kann für Hoffnungen, Ängste oder beides stehen. Wenn du dir nicht sicher bist, was deine Karte aussagt, lass dich von deiner Intuition zu den wichtigen Botschaften leiten.) Zum Schluss nehmen wir die Energie auf, die ein wahrscheinliches Ergebnis darstellt, und erkennen gleichzeitig an, dass es in unserer Hand liegt, dies jederzeit zu ändern, da die Zukunft nicht in Stein gemeißelt ist.

Mach dir während der Legung Notizen. Im Folgenden findest du einige Anregungen für dein Journal, die du berücksichtigen kannst:

- → Welches Ergebnis würde mich am meisten freuen?
- → Welche Ereignisse aus der Vergangenheit belasten mich im Moment am meisten?
- → In welcher Weise lasse ich mich, wenn überhaupt, von anderen Menschen beeinflussen?
- → Inwiefern hindert mich meine Angst daran, ein positives Ergebnis zu erzielen?
- → Wie kann ich die Vergangenheit loslassen, um mich auf meine Hoffnungen zu fokussieren?
- → Was habe ich aus dieser Legung gelernt, was ich nicht schon wusste?

EIGENE LEGESYSTEME ERSTELLEN

Das Erstellen eigener Legesysteme macht viel Spaß. Du kannst aus unendlich vielen Kombinationen von Fragen und Szenarien wählen. Für ein effektives Legesystem brauchst du aber eine klare Intention und ein Ziel für deine Legung.

Die Grundformel beginnt mit einem beliebigen Thema, das die Gesamtenergie des Legesystems darstellt. Überleg dir, was du mit dem Legesystem erreichen willst. Möchtest du ein Legesystem entwerfen, das Unbekanntes aufdeckt, Orientierung gibt oder Verbindungen herstellt? Überleg dir dann, wen und was es aufdecken soll. Soll es sich auf aktuelle Ereignisse beziehen, nur auf Herzensangelegenheiten oder soll es Themen zwischen zwei Menschen beleuchten?

Dann aktiviere deine Neugier. Was willst du über dein Thema wissen? Welche intuitiven Gefühle hast du dazu? Bitte anschließend um Botschaften und Ratschläge von deinem Höheren Selbst oder um göttliche Führung und bau darauf auf. Achte darauf, Legesysteme zu schaffen, die produktive Fragen beantworten, die zum Handeln anregen, und erwarte keine konkreten Antworten darüber, wann oder wie etwas geschehen wird. (Anstelle von »Wann bekomme ich eine Gehaltserhöhung?« kannst du fragen: »Wie sollte ich meine Energie einsetzen, um mein Einkommen zu steigern?«)

Grundformel

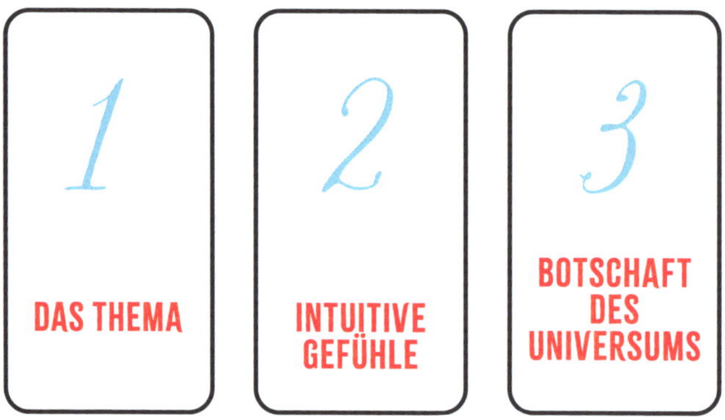

0
DER NARR
I
DER MAGIER
II
DIE HOHEPRIESTERIN
III
DIE HERRSCHERIN
IV
DER HERRSCHER
V
DER HIEROPHANT
VI
DIE LIEBENDEN
VII
DER WAGEN
VIII
DIE KRAFT
IX
DER EREMIT
X
DAS RAD des SCHICKSALS
XI
DIE GERECHTIGKEIT
XII
DER GEHÄNGTE
XIII
DER TOD
XIV
DIE MÄSSIGKEIT
XV
DER TEUFEL
XVI
DER TURM
XVII
DER STERN
XVIII
DER MOND
XIX
DIE SONNE
XX
DAS GERICHT
XXI
DIE WELT

KAPITEL 4

Die großen Arkana

DIE GROSSEN ARKANA sind eine Untergruppe des Tarots, die aus 22 Trümpfen besteht, das heißt, diese Karten stehen über den anderen Karten. Sie zeigen die Reise des Narren, beginnend mit dem Narr (0) und endend mit der Welt (22). Die großen Arkana stehen für große Lebensereignisse und wichtige Lektionen – sowohl individuelle als auch kollektive –, die unser Leben prägen. In diesem Kapitel werden die grundlegenden numerologischen, planetarischen und astrologischen Zeichen, die jeder Karte entsprechen, sowie die universellen Bedeutungen, die für fast jedes Deck gelten, vorgestellt.

0 ✳ DER NARR

Der Narr begibt sich auf eine neue Reise, lässt die Vergangenheit hinter sich und nimmt nur die gelernten Lektionen und die Neugier auf einen Neuanfang mit.

Jede Karte trägt die Energie der Vorhergehenden in sich, beginnend mit dem Narr, der die Energie der Null (0) in sich trägt, ein Symbol, das alles und nichts zugleich enthält. Der Narr durchschreitet die Lektionen und Ereignisse, die auf den einzelnen Karten der großen Arkana dargestellt werden. Er wächst, macht Erfahrungen und reift, während sich sein Bewusstsein entwickelt. Auf der Karte des Narren sehen wir einen jungen Mann in einer geblümten Tunika. Der Narr blickt in den Himmel, die Sonne in seinem Rücken, und ahnt nicht, dass er im Begriff ist, eine Klippe hinunterzustürzen. Er trägt nur ein Bündel und eine weiße Rose bei sich, ist unschuldig und frei von den Lasten des Lebens. Er ist bereit, alles anzunehmen, was auf ihn zukommt. Seine Gestik bedeutet, dass er offen ist für neue Möglichkeiten, ohne Angst vor dem Scheitern. Ein kleiner Hund tänzelt neben ihm her und versucht, ihn vor der gefährlichen Klippe zu warnen, auf die er zusteuert. Dies ist der Weg der Bewusstwerdung, ein Symbol für die Bereitschaft, sich den Herausforderungen des Lebens zu stellen, um voranzukommen.

BEDEUTUNG DER AUFRECHTEN KARTE

Neuanfang, Freiheit

BEDEUTUNG DER UMGEKEHRTEN KARTE

Naivität, Angst vor Veränderung

NUMEROLOGIE

0, ein offenes Gefäß, das alles und nichts umfasst

ASTROLOGIE

Uranus (plötzliche Veränderung, Freiheit)

ALLGEMEINE DEUTUNG

Hier beginnt dein Abenteuer! Der Narr weiß, dass er auf dem richtigen Weg ist, auch wenn er noch nicht weiß, wohin er führt. Sei bereit, ein Risiko einzugehen, wissend, dass jeder große Schritt nach vorn seine Tücken haben kann und dass Rückschläge Lektionen sind, die dich auf deiner Reise leiten werden. Deine Intuition wird dich immer begleiten, so wie der kleine Hund an der Seite des Narren ist. Lass dich von ihr führen und hör auf ihre Botschaften, während sich dein persönlicher Weg zu einem erweiterten Bewusstsein entfaltet.

LIEBE/PARTNERSCHAFT

Wenn der Narr in einer Legung zum Thema Liebe gezogen wird, bedeutet das, dass die/der Fragende der Liebe eine Chance geben oder offen für einen Neuanfang in einer bestehenden Beziehung sein sollte. Vertrau deiner Intuition und lass die Vergangenheit hinter dir. Es ist nie zu spät für einen Neuanfang.

BERUF/GELD

Sei bereit, Risiken einzugehen und etwas Neues auszuprobieren. Es wird vielleicht nicht alles glattgehen, aber nur wenn du mutig bist, kannst du die nächste Stufe deiner Karriereleiter erklimmen. Hör auf deine innere Führung, und du wirst vielleicht das Anfängerglück erleben.

PERSÖNLICH/SPIRITUELL

Glaube und vertraue darauf, dass du die Unterstützung des Universums hast. Fürchte dich nicht vor dem Unbekannten. Erkenne stattdessen an, dass die Lektionen, denen du begegnest, zu deiner Bewusstseinserweiterung und zu nie geahnten Möglichkeiten führen werden. Sie sind ein Teil deiner persönlichen und spirituellen Entwicklung.

UMGEKEHRTE KARTE

Die umgekehrte Karte kann ein Hinweis darauf sein, dass jetzt nicht der richtige Zeitpunkt ist, ein Risiko einzugehen oder sich auf etwas Neues einzulassen. Es kann bedeuten, dass du von deiner Angst vor Veränderung herausgefordert wirst oder zögerst, deine Komfortzone zu verlassen. Diese Karte kann bedeuten, dass du erst dann weitermachen solltest, wenn du einen richtig guten Plan hast.

REFLEXION

→ Wo in deinem Leben lässt du dich von der Energie des Narren beeinflussen?

BEDEUTUNG DER AUFRECHTEN KARTE

Manifestation, Schöpfer, inspiriertes Handeln

BEDEUTUNG DER UMGEKEHRTEN KARTE

Abkoppelung von der persönlichen Macht, manipulativ

NUMEROLOGIE

1, der Anfang, das Individuum

ASTROLOGIE

Merkur (Botschaften, Kommunikation)

1 ✳ DER MAGIER

Der Magier verfügt über die Macht der vier Elemente: Erde, Luft, Feuer und Wasser, kombiniert mit ihrer Verbindung zum Göttlichen. Sie können in der physischen Welt unbegrenzten Reichtum hervorbringen.

Nun, da der Narr den Sprung ins Unbekannte gewagt hat, begegnet er dem Magier und erfährt, dass er die Macht des Universums in sich trägt, um seine eigene Realität zu erschaffen! Eine in einen Umhang gehüllte Figur richtet mit einer Hand einen Stab zum Himmel, während er mit der anderen Hand auf die Erde zeigt. Das Unendlichkeitssymbol über seinem Kopf und seine Körperhaltung stehen für die Verbindung des Magiers mit der geistigen und der physischen Welt. Auf dem Tisch liegen Gegenstände, die die vier Elemente symbolisieren: ein Stab (Feuer), ein Pentagramm (Erde), ein Schwert (Luft) und ein Becher (Wasser). Diese Gegenstände stammen aus dem Bündel des Narren. Der Magier arbeitet mit den Kräften der Elemente und der Hilfe des Göttlichen, dient als Vermittler und hat die Macht, Unsichtbares sichtbar zu machen, indem er seine Intentionen in die Tat umsetzt und greifbare Ergebnisse erzielt. Die Blumen symbolisieren seine Verbindung zur Natur und weisen darauf hin, dass Reinheit (Weiß) und Leidenschaft (Rot) für den Schöpfungsprozess unerlässlich sind. Mit göttlicher Hilfe ist alles möglich.

ALLGEMEINE DEUTUNG

Du bist der Magier, und die elementaren Zutaten, die du für dein kreatives Handeln brauchst, stehen dir jederzeit zur Verfügung! Mit einer klaren Intention und mit Leidenschaft kannst du dich mit dem Göttlichen verbinden und deine Träume verwirklichen. Diese Karte erinnert dich daran, dass du mächtiger bist, als du denkst. Handle, wenn du inspiriert bist, und konzentrier dich darauf, jedes Element in deinem Leben im Gleichgewicht zu halten. Indem du deine Träume und Wünsche in die Tat umsetzt, erschaffst du deine Welt.

LIEBE/PARTNERSCHAFT

Ziehst du den Magier in einer Legung über die Liebe, kann das bedeuten, eine wunderbare Beziehung zu manifestieren oder den Funken in einer bestehenden Beziehung neu zu entfachen. Du hast alles in dir, um die Beziehung deiner Träume zu erschaffen, unabhängig von deinem Beziehungsstatus. Achte darauf, deine Emotionen (Wasser) mit deinen Gedanken (Luft) in Einklang zu bringen und dabei geerdet (Erde) und leidenschaftlich (Feuer) zu bleiben.

BERUF/GELD

Dir eröffnen sich neue Möglichkeiten, wenn du all deine Fähigkeiten nutzt, um Fülle zu schaffen, Wohlstand zu manifestieren und deine Ziele inspiriert zu verfolgen. Wenn du schon immer dein eigenes Unternehmen gründen wolltest, ist jetzt der richtige Zeitpunkt dafür. Sei dir deines Wertes bewusst, wenn du über eine Gehaltserhöhung oder einen Vertrag verhandelst.

PERSÖNLICH/SPIRITUELL

Du findest deine Kraft, indem du mit der Natur und dem Göttlichen zusammenarbeitest. Diese Karte symbolisiert, dass du deine spirituelle Praxis vertiefst und deine Realität gemeinsam mit dem Universum beziehungsweise dem Göttlichen kreierst.

UMGEKEHRTE KARTE

Die umgekehrte Karte kann auf Machtmissbrauch, Manipulation oder den Versuch, eine Situation zu erzwingen, hinweisen. Vielleicht zweifelst du an deiner Fähigkeit, etwas zu kreieren und zu manifestieren, oder deine Verbindung zu einem wichtigen Aspekt deiner Persönlichkeit ist blockiert. Verbinde dich jetzt wieder mit der Quelle deiner Kraft in dir. Sollte sich eine Tür nicht öffnen, dann vertrau darauf, dass es woanders etwas Besseres für dich gibt ... oder einen anderen Weg hinein. Wenn du dich blockiert fühlst, richte deine Energien neu aus.

REFLEXION

→ Wie handelst du als der Magier in deinem Leben?

2 ✳ DIE HOHEPRIESTERIN

Die Hohepriesterin erhellt wie der Mond die Dunkelheit, bringt Verborgenes ans Licht und erinnert uns daran, dass alles, was wir wissen müssen, bereits in uns vorhanden ist.

Die Hohepriesterin sitzt zwischen einer hellen und einer dunklen Säule und symbolisiert das innere Gleichgewicht unserer dualen Welt. Ihr Kopfschmuck erinnert an die Phasen des zunehmenden Mondes, des Vollmondes und des abnehmenden Mondes und repräsentiert die Lebensphasen einer Frau vom jungen Mädchen über die Mutterschaft bis zur weisen Alten. Zu den religiösen Symbolen gehören das Kreuz auf ihrer Brust und die Thora, die sie in der Hand hält. Beide stehen für den Glauben in der Entstehungszeit des Tarots, aber auch für die Hingabe der Hohepriesterin an ihre spirituelle Praxis. Hinter ihr hängt ein Wandteppich mit dem Motiv der Granatäpfel – Symbole der Fruchtbarkeit und der weiblichen Energie –, die ihr den Blick auf das Wasser versperren, das für Emotionen steht. Der Halbmond zu ihren Füßen symbolisiert ihre Verbindung zur Mondkraft und zur Intuition. Obwohl die Hohepriesterin mit dem Rücken zum Wasser sitzt, braucht sie es nicht zu sehen, da sie von innen heraus durch ihre Gefühle mit dem Wasser verbunden ist.

BEDEUTUNG DER AUFRECHTEN KARTE

Intuition, Selbsterkenntnis

BEDEUTUNG DER UMGEKEHRTEN KARTE

Abkoppelung von der Intuition, Weigerung, nach innen zu schauen

NUMEROLOGIE

2, Dualität, Gleichgewicht, Harmonie

ASTROLOGIE

Der Mond (Gefühle, Intuition, weibliche Energie)

ALLGEMEINE DEUTUNG

Die Verbindung mit dem Göttlichen ist ein innerer Vorgang. Dein intuitives Höheres Selbst kann jederzeit aktiviert werden, indem du nach innen schaust. Die Hohepriesterin fordert dich auf, deinen Verstand auszuschalten und in deinem Herzen nach Antworten auf deine Fragen zu suchen. Du trägst sie bereits in dir!

LIEBE/PARTNERSCHAFT

Hör auf deine Intuition. Deine emotionale Intelligenz wird dich zu den Antworten führen, die du zum Thema Liebe und Partnerschaft suchst. Was sagt dir dein Bauchgefühl über deine Beziehung? Vertrau deinen Gefühlen, statt zu viel nachzudenken oder zu analysieren.

BERUF/GELD

Folg bei finanziellen und beruflichen Entscheidungen deiner Intuition, auch wenn du versucht bist, endlos zu recherchieren. Vertrau darauf, dass du die Antworten kennst, statt dich auf die Meinung anderer zu verlassen. Triff geschäftliche Entscheidungen intuitiv statt nur mit dem Verstand.

PERSÖNLICH/SPIRITUELL

Verbinde dich mit deiner inneren göttlichen Führung, denn die Stärkung deiner Intuition vertieft deine spirituelle Praxis. Vertrau dir selbst und folg deiner Intuition, auch wenn dir die Richtung, in die sie dich führt, zunächst nicht sinnvoll erscheinen mag.

UMGEKEHRTE KARTE

Die umgekehrte Karte bedeutet oft, dass du dich von deiner Intuition abgekoppelt hast. Vielleicht suchst du Antworten im Außen, verlässt dich zu sehr auf andere oder lässt dich beeinflussen. Dies ist eine Erinnerung daran, die Quelle in dir anzuzapfen, um Antworten zu finden, auch wenn es sich anfangs unangenehm anfühlt.

REFLEXION

→ Welche Verbindungen solltest du nach dem Wunsch der Hohepriesterin in dir selbst herstellen?

3 ✱ DIE HERRSCHERIN

Die Herrscherin verkörpert die Essenz der göttlichen weiblichen Energie. Durch ihre Verbundenheit mit der Natur und ihre Bereitschaft, ihren Körper als heiliges Gefäß zu nutzen, erschafft sie ein Leben voller Liebe.

Die Herrscherin sitzt auf weichen Kissen in einem Wald, während ein Fluss auf sie zufließt, was ihre Verbundenheit mit der Natur verdeutlicht. Ein Herz mit dem Venussymbol prangt stolz an ihrer Seite und zeigt an, dass sie offen ist für Liebe und Schönheit in all ihren Erscheinungsformen. Ihr fließendes, mit Granatäpfeln bedrucktes Kleid symbolisiert Leidenschaft, Fruchtbarkeit und die Fähigkeit, Neues zu schaffen. Auf dem Kopf trägt sie einen Sternenkranz, der die zwölf Tierkreiszeichen symbolisiert. Das erhobene Zepter und die offene Körperhaltung der Herrscherin zeigen ihre Empfänglichkeit und ihr Vertrauen in die Kraft ihrer Sexualität.

BEDEUTUNG DER AUFRECHTEN KARTE

Empfangen von Liebe, Kreativität

BEDEUTUNG DER UMGEKEHRTEN KARTE

Unterbrechung, kreative Blockaden

NUMEROLOGIE

3, Kreativität, Wachstum, Expansion

ASTROLOGIE

Venus (Liebe, Schönheit, Geld, Kreativität)

ALLGEMEINE DEUTUNG

Die Herrscherin strahlt eine kraftvolle Energie des Empfangens und nicht des Handelns aus. Du kannst zulassen, dass alles, was in deinem Leben entstehen will, seine Zeit braucht, ohne etwas zu überstürzen oder zu erzwingen. Die Herrscherin ist entspannt und vertraut darauf, dass ihre Leidenschaft und Kreativität eine so starke Anziehungskraft haben, dass sie alles anzieht, was sie sich wünscht.

LIEBE/PARTNERSCHAFT

Erlaub dir, Liebe zu empfangen, und erkenne, dass du eine Partnerschaft anziehen kannst, indem du dich selbst liebst. Dies ist eine fruchtbare Zeit für dich, die zu einer Schwangerschaft führen kann. Du ziehst die Liebe auf natürliche Weise und zu dem für dich richtigen Zeitpunkt an.

BERUF/GELD

Vielleicht bekommst du von unerwarteter Seite Geld oder einen neuen Job, was mehr Fülle in dein Leben bringt. Aber da es bei dieser Karte um Empfänglichkeit geht, solltest du nichts überstürzen. Übe dich lieber in Geduld.

PERSÖNLICH/SPIRITUELL

Übe dich in Selbstliebe und Kreativität. Verbinde dich mit der Energie der Venus durch Kreativität, Liebe, Selbstliebe und Zeit in der Natur; so bringst du göttliche Liebe in deine spirituelle Praxis. Geh hinaus in die Natur und verbinde dich auf deine Weise mit ihr.

UMGEKEHRTE KARTE

Die umgekehrte Karte kann darauf hindeuten, dass deine Selbstliebe blockiert ist oder dass du es nicht zulassen kannst, dass andere dich lieben und für dich sorgen wollen. Vielleicht fühlst du dich von deiner Kreativität abgekoppelt oder kannst Lob, Zuneigung oder andere positive Signale nicht annehmen. Die umgekehrte Karte kann auf Schwierigkeiten in der Schwangerschaft hinweisen, auf Komplikationen in der Liebe oder auf den Versuch, eine Situation zu erzwingen, statt geduldig zu sein. Sie kann auch bedeuten, dass du dich zu sehr von der männlichen Energie leiten lässt, um etwas zu erreichen, und dass du stattdessen die weibliche Energie nutzen solltest. Versuch, dich wieder mit der Natur zu verbinden, um dich daran zu erinnern, dass alles zu seiner Zeit blüht.

REFLEXION

→ Was erschaffst du mithilfe der weiblichen Energie der Herrscherin?

4 ✵ DER HERRSCHER

Der Herrscher sitzt majestätisch auf seinem Thron und trägt eine Rüstung unter seinem Überwurf. Er ist geerdet und handlungsbereit.

Der Herrscher verkörpert das göttlich-männliche Pendant zur Herrscherin und steht für eine handlungsorientierte Energie. Er sitzt auf einem mit Widderköpfen geschmückten steinernen Thron, der seine Standfestigkeit und seine Verbindung zum Sternzeichen Widder symbolisiert. Die Landschaft hinter dem Herrscher ist karg, mit Ausnahme eines Wasserlaufs, der die Szene durchfließt und für Emotionen und Intuition steht, die ihn bei Bedarf inspiriert handeln lassen. Er trägt eine Krone auf dem Kopf und hält einen Reichsapfel und ein Zepter in den Händen, die seine Autorität und Macht repräsentieren. Unter seinem Überwurf ist eine Rüstung zu sehen, die andeutet, dass er jederzeit bereit ist, in den Kampf zu ziehen.

Die Farben dieser Karte sind bemerkenswert. Rot und Orange stehen für Macht, Autorität und Durchsetzungsvermögen im materiellen Bereich.

BEDEUTUNG DER AUFRECHTEN KARTE

Inspiriertes Handeln, persönliche Macht

BEDEUTUNG DER UMGEKEHRTEN KARTE

Handlungsunfähigkeit, defensiv oder reaktiv

NUMEROLOGIE

4, Stabilität, Struktur

ASTROLOGIE

Widder (Individualität, persönliche Stärke)

ALLGEMEINE DEUTUNG

Die Verbindung zur göttlichen, männlichen Energie in der Herrscher-Karte führt dazu, dass du aus einem Gefühl der Stärke heraus agierst, statt aus Angst zu reagieren. Dazu brauchst du eine gesunde Beziehung zu deiner männlichen Energie und musst ihr den Raum geben, den sie braucht. Verbinde dich mit deiner inneren Autorität und sei dir bewusst, dass dein Ehrgeiz, deine Tatkraft und deine Stärke nicht nur dir selbst, sondern auch dem Gemeinwohl dienen.

LIEBE/PARTNERSCHAFT

Unternimm etwas, sei mutig und hör auf deine Leidenschaften. Du hast mehr Macht in der Partnerschaft, als dir bewusst ist. Achte darauf, deine männliche Energie richtig einzusetzen, indem du erkennst, wann du in deinen Beziehungen zu selbstbewusst oder zu wenig selbstbewusst bist. Deine Intuition wird dir sagen, wo du mehr oder weniger von dieser Energie brauchst.

BERUF/GELD

Wenn du auf ein Zeichen gewartet hast, um inspirierte Maßnahmen für deine Ziele zu ergreifen, dann ist es jetzt so weit. Es ist an der Zeit, deine Meinung zu sagen oder eine Führungsrolle zu übernehmen. Eine offensivere Haltung in Bezug auf deine berufliche Karriere wird sich zu deinen Gunsten auswirken, also mach einen Schritt nach vorn und fordere ein, was du haben möchtest.

PERSÖNLICH/SPIRITUELL

Um diese aktive, männliche Energie freizusetzen, kannst du mit Affirmationen zur Selbstermächtigung arbeiten. Gib dir selbst die Erlaubnis, mehr Raum einzunehmen und zur Autorität in deinem Leben zu werden, statt dich anderen unterzuordnen oder deren Meinung über deine eigene zu stellen.

UMGEKEHRTE KARTE

Die umgekehrte Karte kann auf eine gestörte persönliche Kraft oder auf die Unfähigkeit zum Handeln hinweisen. Lass diese kühne, durchsetzungsfähige männliche Energie fließen, um für dich selbst einzutreten oder die Kontrolle über eine Situation zu übernehmen. Die umgekehrte Karte kann auch auf eine toxische männliche Energie hinweisen, auf Machtmissbrauch, Abwehrhaltung oder unreife Reaktionen, die auf Angst und Wut zurückzuführen sind.

REFLEXION

→ Wie identifizierst du dich mit dem Herrscher?

5 ✷ DER HIEROPHANT

Der Hierophant sitzt auf einem Tempelthron und teilt sein heiliges Wissen mit seinen ihm ergebenen Schülern. Durch seine Verbindung zum Spirit bildet er die Brücke zwischen Himmel und Erde.

»Hierophant« bedeutet wörtlich »Verkünder der heiligen Geheimnisse« und ist ein Ehrentitel für die Hohepriester der Göttin Demeter. Diese Karte steht für die spirituelle Sinnsuche. Wie sein weibliches Pendant, die Hohepriesterin, steht der Hierophant in nahezu ständiger Kommunikation mit dem Göttlichen. Der Unterschied besteht darin, dass die Hohepriesterin ihr Wissen durch ihre Intuition erhält, während der Hierophant studiert und lernt, Traditionen pflegt, Rituale durchführt und überliefertes Wissen weitergibt. Der Hierophant ist in traditionelle religiöse Gewänder gekleidet, sitzt auf einem Thron und teilt seine spirituellen Lehren mit den beiden vor ihm sitzenden Figuren. Die religiöse Bildsprache, wie die Papstkrone, die Schlüssel und der Hirtenstab mit den drei Querbalken, der an ein orthodoxes Kreuz erinnert, symbolisiert Aufrichtigkeit und spirituelle Hingabe. Aufgrund seines starken Glaubens und seiner strengen Prinzipien ist es für den Hierophanten am besten, den traditionellen Weg des Lernens zu gehen.

BEDEUTUNG DER AUFRECHTEN KARTE

Lehrer, Tradition

BEDEUTUNG DER UMGEKEHRTEN KARTE

Starre Überzeugungen, Lernverweigerung

NUMEROLOGIE

5, Konflikt, Kampf, Herausforderungen

ASTROLOGIE

Stier (traditionsbewusst, geerdet, stur)

ALLGEMEINE DEUTUNG

Der Weg des Lernens ist nie zu Ende. Sei offen für neue Lernmöglichkeiten und respektiere die Tradition, wenn du deine eigenen Überzeugungen und Rituale entwickelst. Sei wachsam, wenn du einem möglichen neuen Lehrer begegnest. Andererseits kannst auch du selbst dieser Lehrer sein, wenn du in der Lage bist, deine Weisheit mit anderen zu teilen.

LIEBE/PARTNERSCHAFT

In Bezug auf die Institution Ehe hast du vielleicht starke Überzeugungen, was Liebe und Partnerschaft betrifft. Wenn du diese Karte ziehst, kann das auch bedeuten, dass du in der Liebe einen traditionellen Weg einschlagen möchtest. Manchmal deutet der Hierophant auf eine Liebesbeziehung zu einem Menschen hin, den du als Lehrer oder Schüler betrachtest, oder vielleicht auf eine aufkeimende Beziehung, in der ihr voneinander lernen könnt.

BERUF/GELD

Diese Karte weist auf einen klassischen Karriereweg oder einen Aufstieg auf der Erfolgsleiter hin. Sie könnte dich auch dazu bringen, als Lehrer*in dein Geld zu verdienen, wieder zur Schule zu gehen oder ein neues Fach zu studieren, um dich beruflich weiterzubilden.

PERSÖNLICH/SPIRITUELL

Du kannst deine Spiritualität vertiefen, indem du dich mit verschiedenen Heilmethoden beschäftigst oder Kurse über die Grundlagen spirituellen Wissens besuchst. Du könntest sogar Heilmethoden unterrichten oder spirituelle Begleitung anbieten. Es ist möglich, dass ein/e Lehrer*in in dein Leben tritt; das kann auf verschiedene Weise der Fall sein.

UMGEKEHRTE KARTE

Die umgekehrte Karte bedeutet oft einen Umweg oder eine Blockade auf dem spirituellen Weg oder im Studium der/des Fragenden. Die Karte weist auf starre Überzeugungen hin und auf die Weigerung, sich für alternative Informationen zu öffnen oder Neues zu lernen. Wenn diese umgekehrte Karte in deiner Deutung auftaucht, dann nimm sie als Ermahnung, offen zu sein und andere Sichtweisen zu respektieren.

REFLEXION

→ Der Hierophant fragt: Was möchtest du lernen?

6 ✳ DIE LIEBENDEN

Die Liebenden sind in Harmonie miteinander verbunden, zwischen dem Männlichen und dem Weiblichen herrscht Ausgewogenheit, und die beiden haben nichts zu verbergen. Jede ihrer Entscheidungen ist von Liebe getragen.

Die Karte der Liebenden signalisiert die Möglichkeit, Beziehungen einzugehen, die dein glücklichstes, gesündestes und bestes Selbst unterstützen. Das Bild zeigt einen Mann und eine Frau, die nackt in einem Garten zwischen dem Baum des Lebens und dem Baum der Erkenntnis stehen. Die Schlange stellt die Versuchung dar, sich irdischen Freuden hinzugeben, während der Engel das Paar ermutigt, sich für die göttliche Liebe zu entscheiden, statt sich der schnellen Befriedigung hinzugeben. Das Verlangen nach Vergnügen wird durch Verletzlichkeit und Vertrauen ausgeglichen, da beides in einer harmonischen Beziehung vorhanden ist.

BEDEUTUNG DER AUFRECHTEN KARTE

Beziehung, Übereinstimmung

BEDEUTUNG DER UMGEKEHRTEN KARTE

Disharmonie, Ungleichgewicht

NUMEROLOGIE

6, Harmonie, Gegenseitigkeit, Spiegelbild

ASTROLOGIE

Zwillinge (Dualität, Kommunikation, Anpassungsfähigkeit)

ALLGEMEINE DEUTUNG

Du hast immer die Wahl, dich auf die göttliche Liebe auszurichten, indem du die männliche und die weibliche Energie in dir ins Gleichgewicht bringst. Du kannst auch versuchen, dieses Gleichgewicht in deine Beziehungen zu übertragen. Entscheide dich für Beziehungen, die von gegenseitigem Respekt und guter Kommunikation geprägt sind, und du wirst die höchste Form der Liebe erfahren.

LIEBE/PARTNERSCHAFT

Eine Liebesbeziehung rückt in den Bereich des Möglichen oder eine andere schöne Form der Liebe liegt bereits vor dir. Lass dich in Liebesdingen von deinen Werten leiten. Diese Karte kann auf eine wichtige Beziehung oder einen Seelenverwandten in deinem Leben hinweisen, oder auf eine Person, die in dein Leben treten wird.

BERUF/GELD

Vielleicht kommt es am Arbeitsplatz zu einer Romanze, oder du arbeitest mit deinem/deiner Partner*in zusammen. Diese Karte kann auch bedeuten, dass du eine vorteilhafte berufliche Verbindung eingehst, vielleicht mit einem/einer Geschäftspartner*in. Oder du verdienst dein Geld mit einer Sache, die dir viel bedeutet.

PERSÖNLICH/SPIRITUELL

Diese Karte erinnert dich daran, die göttliche Liebe der schnellen Befriedigung vorzuziehen, und dass das Gleichgewicht zwischen männlichen und weiblichen Energien in dir die richtigen Beziehungen anziehen wird.

UMGEKEHRTE KARTE

Die umgekehrte Karte kann auf eine unausgeglichene Beziehung oder auf Co-Abhängigkeit hinweisen. Sie kann auch ein Zeichen dafür sein, dass du dich zu sehr auf deine/n Partner*in verlässt, um deine Bedürfnisse zu erfüllen, oder dass du unrealistische Erwartungen an deine Beziehung hast. Um dieses Ungleichgewicht zu beheben, solltest du in dich gehen und herausfinden, wo die Ursache für die Disharmonie liegt. Denn Glück ist etwas sehr Inneres, das sich auch in unseren Beziehungen widerspiegelt.

REFLEXION

→ Was würden sich die Liebenden sagen, wenn sie miteinander sprechen würden?

BEDEUTUNG DER AUFRECHTEN KARTE

Inspiriertes Handeln, Schwung

BEDEUTUNG DER UMGEKEHRTEN KARTE

Unfähigkeit, weiterzukommen, Stagnation

NUMEROLOGIE

7, persönliches Wachstum, Planung, Bewertung

ASTROLOGIE

Krebs (fürsorglich, beschützend, intuitiv)

7 ✳ DER WAGEN

Der Wagen, gelenkt von unserer Intuition, ist die Struktur, die uns schützt, während wir inspiriert handeln.

Als Symbol für den zunehmenden Schwung signalisiert die Karte des Wagens, dass du beginnst, deinen Aktionsplan zu entwickeln. Die Karte zeigt einen Mann in Rüstung an den Zügeln, bereit zum Kampf, aber der Wagen bewegt sich nicht. Der Wagen symbolisiert die Vorüberlegungen, die notwendig sind, bevor man in Aktion treten kann. Die beiden Sphinxe an der Vorderseite des Wagens liegen regungslos auf dem Boden, das einzige Zeichen von Bewegung sind ihre Augen, die in entgegengesetzte Richtungen blicken. Sie scheinen ihre Umgebung zu betrachten und zu überlegen, welchen Weg sie einschlagen sollen. Der Fluss im Hintergrund, Symbol für Emotionen, weist darauf hin, dass wir vor jeder Handlung auf die Führung durch die Intuition hören sollten. Der Sternenhimmel-Baldachin über dem Kopf des Wagenlenkers symbolisiert, wie wichtig es ist, sich vom Kosmos leiten zu lassen. Die Rüstung des Wagenlenkers steht für den Schutzpanzer des Tierkreiszeichens Krebs.

ALLGEMEINE DEUTUNG

Du begibst dich auf eine wichtige Reise oder bewegst dich auf die nächste Stufe deiner Lebensziele zu. Der Wagen fordert dich auf, eine klare Absicht, einen Fokus und einen Aktionsplan zu entwickeln. Entschlossenheit allein reicht nicht aus, um dich zum Erfolg zu führen. Bevor du große Entscheidungen triffst, musst du ein solides Fundament legen und einen Rahmen schaffen. Wenn du dir nicht sicher bist, was du jetzt tun sollst, hör auf deine Intuition, die dich zu den nächsten Schritten führen wird.

LIEBE/PARTNERSCHAFT

Eure Beziehung entwickelt sich schnell, aber habt ihr beide die gleiche Vision für die Zukunft? Schaff eine solide Basis und schmiede Pläne, bevor du diese Beziehung vertiefst.

BERUF/GELD

Jetzt ist es an der Zeit, einen klaren und präzisen Geschäftsplan zu erstellen und gleichzeitig intuitiv inspirierte Maßnahmen zu ergreifen, um deine beruflichen oder finanziellen Ziele zu erreichen. Erfolg stellt sich ein, wenn du konzentriert, entschlossen und mit einer klaren Absicht vorgehst.

PERSÖNLICH/SPIRITUELL

Du bist bereit, deine spirituelle Praxis auf die nächste Stufe zu heben, was bedeutet, dass dein Leben in Bewegung kommt. Ausgehend von deiner Absicht, voranzukommen, kannst du deine spirituelle Praxis nutzen, um zuversichtlich in die nächsten Lebensphasen zu gehen.

UMGEKEHRTE KARTE

Die umgekehrte Karte des Wagens kann auf einen Mangel an Zuversicht in Bezug auf ein bestimmtes Ziel oder allgemein auf fehlende Zielorientierung oder Orientierung hinweisen. Sie signalisiert, dass es einen konkreteren Plan braucht, um wieder in Schwung zu kommen. Um zu wachsen und eine positive Richtung einzuschlagen, ist Impulskontrolle erforderlich. Die umgekehrte Karte kann auch vor unüberlegtem Handeln, dem Übersehen wichtiger Schritte oder vor Unentschlossenheit warnen.

REFLEXION

→ Was glaubst du, wohin der Wagen fährt?

8 ✳ DIE KRAFT

Die Kraft erinnert uns daran, dass es nicht auf die Größe unserer Muskeln ankommt, sondern auf unseren Mut. Er lässt uns alle Hindernisse überwinden, die sich uns in den Weg stellen.

Die Karte der Kraft zeigt eine Frau, die ein weißes, mit Blumen verziertes Gewand trägt, das für die Reinheit ihres Herzens steht. Sie demonstriert ihre Kraft, indem sie das Maul eines Löwen sanft verschließt. Die Frau steht für die empfängliche weibliche Energie, die nichts mit Schwäche zu tun hat. Ohne Furcht oder Zögern legt sie mutig ihre Hände auf das wilde und gefährliche Tier, und die unterwürfige Körpersprache des Löwen zeigt, dass er sich durch ihre Berührung nicht bedroht fühlt. Das Unendlichkeitssymbol über ihrem Kopf erinnert daran, dass sich unsere innere Energie immer in unseren äußeren Umständen widerspiegelt. Diese Frau ist innerlich friedvoll, und das demonstriert sie in ihrem Umgang mit der Welt. Wenn wir ein Hindernis mit Zuversicht angehen und mit Bedacht handeln, wird sich das auf alle Beteiligte positiv auswirken.

BEDEUTUNG DER AUFRECHTEN KARTE

Überwindung von Hindernissen, Ausdauer

BEDEUTUNG DER UMGEKEHRTEN KARTE

Ängste, mangelndes Vertrauen

NUMEROLOGIE

8, Fortschritt, entschlossenes Handeln

ASTROLOGIE

Löwe (mutig, beherzt)

ALLGEMEINE DEUTUNG

Du bist stärker, als du denkst! Das Leben steckt voller Herausforderungen, aber du kannst dir zutrauen, fast jede Situation zu meistern. Das Unendlichkeitssymbol soll dich daran erinnern, dass du in der Lage bist, innere und äußere Kämpfe zu bestehen. Die Kraft fordert dich auf, dich deinen Ängsten zu stellen, statt sie zu verdrängen, und mutig weiterzumachen, auch wenn dein Selbstvertrauen ins Wanken gerät.

LIEBE/PARTNERSCHAFT

Sei selbstbewusst und geh raus, um neue Leute kennenzulernen. Scheu dich nicht, deine Verletzlichkeit zu zeigen und dich deinem/deiner Partner*in anzuvertrauen, wenn es darum geht, Schwierigkeiten in eurer Beziehung aktiv zu bewältigen.

BERUF/GELD

Sei in deinem Beruf selbstbewusst und ausdauernd – deine Stimme wird gehört. Mit einer zielstrebigen, aber subtilen Herangehensweise kannst du in finanzieller Hinsicht effektiv die nächste Stufe erreichen. Du kannst alle Hürden überwinden und erfolgreiche Ergebnisse erzielen, also gib nicht auf und zweifle nicht an deiner Stärke.

PERSÖNLICH/SPIRITUELL

Ob du Veränderungen in deinem Leben vornimmst oder daran arbeitest, deine Verbindung zum Göttlichen zu vertiefen – du hast das Zeug dazu, alle Herausforderungen zu meistern. Sei mutig und vertrau auf deine innere Stärke, aber sei dir auch bewusst, dass es völlig in Ordnung ist, verletzlich zu sein. Lass deine Ängste zu und handle trotzdem!

UMGEKEHRTE KARTE

Die umgekehrte Karte kann auf einen Mangel an Selbstvertrauen, Selbstbewusstsein oder Vertrauen in das Universum hinweisen. Sie kann bedeuten, dass du Angst hast, aktiv zu werden, dass du dich schwach fühlst oder dass es dir unangenehm ist, verletzlich zu sein.

REFLEXION

→ In welchen Bereichen deines Lebens könntest du mit der Kraft arbeiten?

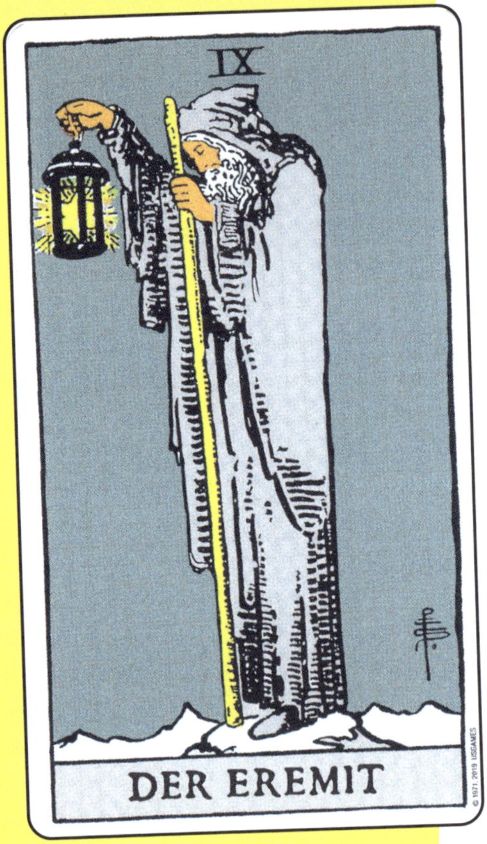

9 ✳ DER EREMIT

Der Eremit ist weise, und er kennt den Unterschied zwischen Alleinsein und Einsamkeit; sein kluger Geist braucht den Rückzug.

In der Abgeschiedenheit kann man Weisheit erlangen; das ist die Lektion, die die Karte des Eremiten vermittelt. Auf dieser Karte ist ein alter Mann zu sehen, der allein unterwegs ist und einen langen Stab und eine Laterne trägt, die seinen Weg erleuchtet. Der Schein seiner Laterne reicht nicht weit und beleuchtet nur, was direkt vor ihm liegt, weist ihm aber den Weg zur Wahrheit. Sein hohes Alter deutet auf große Weisheit hin, der Stab auf Kraft. Seine Stärke liegt in der Fähigkeit, nach innen zu schauen, sich auf sich selbst zu verlassen und geduldig zu sein.

BEDEUTUNG DER AUFRECHTEN KARTE

Weisheit, Zurückgezogenheit

BEDEUTUNG DER UMGEKEHRTEN KARTE

Einsamkeit, Isolation

NUMEROLOGIE

9, kurz vor der Vollendung, Abgeschiedenheit

ASTROLOGIE

Jungfrau (analytisch, fleißig, geduldig)

ALLGEMEINE DEUTUNG

Viele Menschen haben Angst vor dem Alleinsein, aber wenn du dir Zeit für dich selbst nimmst, um deine innere Welt zu erforschen, kannst du dich tief mit deiner inneren Wahrheit verbinden. Zieh dich zurück, um auf deine innere Weisheit zu hören. Diese Praxis ist notwendig und gesund und wird dich stärken. Wenn es dann an der Zeit ist, dich mit anderen zu treffen, wirst du spüren, dass du wieder neue Energie hast.

LIEBE/PARTNERSCHAFT

Im Moment ist es für dich am besten, allein zu sein. Du brauchst Raum für dich selbst, um dich mit deiner inneren Wahrheit zu verbinden. Nimm dir eine Auszeit von Liebe und Partnerschaft, um deine Seele zu erforschen. Wenn du eine Weile Abstand von deinem/deiner Partner*in nimmst, kannst du gestärkt wieder zu ihr/ihm zurückkehren.

BERUF/GELD

Nimm dir etwas Zeit, um dich auf deine Fähigkeiten und Neigungen zu besinnen, und ignoriere die Meinungen anderer. Wenn du dich um eine Beförderung bewerben, eine Investition tätigen oder eine neue Idee verfolgen willst, brauchst du nicht die Erlaubnis anderer, um voranzukommen. Am besten arbeitest du jetzt allein.

PERSÖNLICH/SPIRITUELL

Du bist in einem tiefen Prozess der Selbsterforschung und auf der Suche nach deiner eigenen inneren Wahrheit. Gönn dir so viel Zeit allein, wie du brauchst, um nach innen zu schauen, vielleicht durch Meditation oder lange Spaziergänge, und um deine göttliche innere Weisheit zu finden.

UMGEKEHRTE KARTE

Die umgekehrte Karte kann Angst vor dem Alleinsein bedeuten oder deine Weigerung, nach innen zu gehen. Sie kann auch bedeuten, dass du dich zu lange zurückgezogen hast und es an der Zeit ist, dir Unterstützung zu suchen und Verbindung zu anderen Menschen aufzunehmen. Lass dich von deiner Intuition zu der Deutung führen, mit der du in Resonanz gehst.

REFLEXION

→ Welche Weisheit hat der Eremit dir mitzuteilen?

10 ✳ DAS RAD DES SCHICKSALS

Das Rad des Schicksals dreht sich unaufhörlich und zeigt, dass jeder Augenblick vergänglich ist und das Leben zyklisch und nicht linear verläuft. Gib dich der Gegenwart hin.

Diese Karte vermittelt ein vertieftes Verständnis für die Veränderungszyklen des Lebens. Ihre Symbolik ist mystisch, astrologisch und okkult und zeigt, dass viele der Kräfte, die unser Leben beeinflussen, geheimnisvoll und unsichtbar sind. Das Rad scheint in den Wolken zu schweben, was darauf hinweist, dass unser spiritueller Weg mit der physischen Welt verbunden ist. Die Figuren in den Wolken sind die Tierkreiszeichen Wassermann (Luft), Skorpion (Wasser), Stier (Erde) und Löwe (Feuer). Sie stehen für die beständigen Kräfte, die das Rad tragen. Unter dem Rad befindet sich Anubis, der ägyptische Gott der Totenriten, der für Leben, Tod und Wiedergeburt verantwortlich ist. Oben auf dem Rad sitzt eine Sphinx, ein Mischwesen, das für die Vielfalt des Lebens steht. Die nach unten weisende Schlange symbolisiert die Herausforderungen des Lebens. Alles dreht sich um das Rad des Schickals und lehrt uns, dass das Leben seine Höhen und Tiefen hat. Wir alle müssen akzeptieren, dass jeder Augenblick vergänglich ist. Nichts ist beständiger als der Wandel.

BEDEUTUNG DER AUFRECHTEN KARTE

Zyklen, Wandel

BEDEUTUNG DER UMGEKEHRTEN KARTE

Verzögerungen, Rückschläge

NUMEROLOGIE

10, Vollendung eines Zyklus

ASTROLOGIE

Jupiter (Glück, Ausdehnung, Wachstum)

ALLGEMEINE DEUTUNG

Eine intensive spirituelle Praxis kann dazu beitragen, negative Erfahrungen zu verarbeiten, positive Momente zu genießen und die unsicheren und herausfordernden Phasen unseres Lebens zu bewältigen. Indem wir die Zyklen des Lebens auf einer tieferen Ebene verstehen, erweitern wir unsere Kraft und Widerstandsfähigkeit. Das Rad des Schicksals fordert dich auf, dich auf das zu konzentrieren, was du selbst in der Hand hast, um angesichts der Unberechenbarkeit von Veränderungen innerlich ruhig zu bleiben und alles loszulassen, was sich deiner Kontrolle entzieht. So öffnest du dich für das, was für dich bestimmt ist, ohne dein Schicksal zu beeinflussen. Was für dich vorgesehen ist, kann dich nicht verfehlen!

LIEBE/PARTNERSCHAFT

Diese Karte signalisiert eine zufällige oder schicksalhafte Begegnung mit einem/einer neuen Partner*in, sie kann aber auch auf den Abschluss eines Zyklus in deinem Liebesleben hindeuten. Oder sie zeigt an, dass du in einer schon länger bestehenden Beziehung in eine neue Phase eintrittst. Das Rad des Schicksals weist darauf hin, dass sich dein Liebesglück wandelt und du nach einer Zeit der Traurigkeit wunderbare neue Erfahrungen machen wirst.

BERUF/GELD

Neue Anfänge oder schicksalhafte Ereignisse bringen dich auf den Weg des Glücks, der beruflichen Möglichkeiten und des unerwarteten Reichtums. Ein beruflicher oder finanzieller Zyklus neigt sich dem Ende zu und geht in den nächsten über. Bleib auf Kurs, dein Glück folgt.

PERSÖNLICH/SPIRITUELL

Das Schicksal führt dich derzeit auf deinem Weg weiter. Du verlässt einen schmerzhaften Zyklus und gehst bewusst in einen harmonischeren Zustand über. Du vertraust dem Prozess des Lebens, den Zyklen von Tod und Wiedergeburt, triffst neue Menschen und lässt dich auf neue Situationen ein.

UMGEKEHRTE KARTE

Die umgekehrte Karte fordert dich auf, dich auf das zu konzentrieren, was du tun kannst, wenn alles chaotisch erscheint. Willst du nicht zulassen, dass etwas zu Ende geht? Alles um dich herum ist im Wandel – das kann unangenehm sein, aber die Phase der Instabilität ist nur vorübergehend. Was jetzt zu Ende geht, macht Platz für etwas Neues, das an seine Stelle tritt.

REFLEXION

→ Wenn du dem Rad des Schicksals eine einzige Frage stellen könntest, welche wäre das?

11 ✳ DIE GERECHTIGKEIT

Die Gerechtigkeit dient der Wiederherstellung des göttlichen Gleichgewichts, indem die Wahrheit geschützt und verteidigt wird.

Die Botschaft dieser Karte lautet: Alles, was aus dem Gleichgewicht geraten ist, wird wieder ins Lot gebracht. Die Gerechtigkeit sitzt zwischen zwei Säulen, hält in der einen Hand das Schwert der Wahrheit, in der anderen die Waage der Gerechtigkeit. Die Figur scheint eine Richterin zu sein, die auf der Suche nach Wahrheit neutral bleiben muss. Ihr rotes Gewand symbolisiert ihre Verankerung in der materiellen Welt, während die gelbe Krone und der gelbe Hintergrund, der hinter dem Vorhang sichtbar wird, ihre harmonische Übereinstimmung mit den geistigen Elementen symbolisieren, die auch in der physischen Welt zu finden sind. Das Schwert weist darauf hin, dass die Gerechtigkeit der Logik Vorrang vor den Emotionen gibt, was durch die Krone, die die Macht der Vernunft betont, verstärkt wird.

BEDEUTUNG DER AUFRECHTEN KARTE

Wahrheit, Ausgewogenheit

BEDEUTUNG DER UMGEKEHRTEN KARTE

Unausgewogenheit, ungerechte Behandlung

NUMEROLOGIE

1 + 1 = 2. Verbunden mit der Hohepriesterin (2)

ASTROLOGIE

Waage (Ausgewogenheit, Wahrheit, Partnerschaft)

ALLGEMEINE DEUTUNG

Die Gerechtigkeit fordert dich auf, bei deiner Suche nach der Wahrheit logisch vorzugehen und objektiv zu bleiben. Sie deutet darauf hin, dass in Rechtsangelegenheiten oder ungeklärten zwischenmenschlichen Fragen positive Ergebnisse eintreten werden, aber du sollst dir selbst treu bleiben und rechtschaffen handeln. Vertrau darauf, dass sich unfaire Situationen jetzt zu deinen Gunsten wenden werden.

LIEBE/PARTNERSCHAFT

Streitigkeiten und Unstimmigkeiten steuern auf eine Lösung zu. Du kannst dich darauf freuen, das Gleichgewicht in einer Beziehung wiederherzustellen, für deine Bedürfnisse einzustehen oder bereit zu sein, die Seite der anderen Person anzuhören und einen für beide Seiten vorteilhaften Kompromiss zu finden. Nach einer Zeit der Uneinigkeit kannst du wieder Harmonie herstellen.

BERUF/GELD

Faire Vereinbarungen werden getroffen und Streitigkeiten beigelegt. An deinem Arbeitsplatz herrscht Harmonie, du bist geschäftlich erfolgreich, arbeitest auf einen positiven Ausgang in einer rechtlichen Angelegenheit hin oder unterschreibst vielleicht sogar Verträge, die deine Karriere voranbringen.

PERSÖNLICH/SPIRITUELL

Die Karte der Gerechtigkeit steht für die Versöhnung mit der Vergangenheit, für innere Ausgeglichenheit, Gleichklang und Harmonie und für die Erfüllung karmischer Verträge. In Bezug auf dein Seelenleben weist sie auf die Wiederherstellung des Gleichgewichts mit der geistigen Welt hin.

UMGEKEHRTE KARTE

Die umgekehrte Karte der Gerechtigkeit kann auf einen Machtkampf hindeuten. Vielleicht gab es in letzter Zeit Ungerechtigkeiten oder ein Vorfall, der nicht mit deinen persönlichen Werten übereinstimmt, erfordert deine Aufmerksamkeit. Deine Intuition wird dir sagen, was das für dein Leben bedeutet. Wenn du erst einmal herausgefunden hast, wo das Problem liegt, kannst du darüber nachdenken, wie du die Energie, die die Situation umgibt, verändern kannst, falls das möglich ist. Auch wenn du dich noch so sehr bemühst, manchmal tauchen trotzdem Schwierigkeiten auf.

REFLEXION

→ In welchen Bereichen deines Lebens sehnst du dich nach Gerechtigkeit?

12 ✳ DER GEHÄNGTE

Wer kopfüber in der Schwebe hängt, hat Zeit, um nachzudenken und die Dinge aus einer neuen Perspektive zu betrachten.

Der Gehängte macht dir das außergewöhnliche Geschenk, die Zeit anzuhalten. Er gibt dir die Zeit, die du brauchst, um deine Sicht auf eine Situation zu ändern. Der Gehängte hängt mit einem Bein kopfüber am Baum des Lebens. Ganz entspannt liegt das andere Bein angewinkelt dahinter. Seine Hände scheinen auf dem Rücken gefesselt zu sein. Da er nirgendwo hingehen kann, hat er alle Zeit der Welt, um in Ruhe nachzudenken. Er wirkt gelassen, nachdenklich und keinesfalls verzweifelt. Ein gelbes Licht umgibt seinen Kopf, was darauf hindeutet, dass er in dieser Zeit des Innehaltens spirituell erleuchtet wird. Es ist eine Zeit der Hingabe, nicht des Kampfes.

BEDEUTUNG DER AUFRECHTEN KARTE

Warten, Perspektivenwechsel

BEDEUTUNG DER UMGEKEHRTEN KARTE

Ungeduld, Trägheit

NUMEROLOGIE

1 + 2 = 3. Verbunden mit der Herrscherin (3)

ASTROLOGIE

Neptun (Träume, Illusionen)

ALLGEMEINE DEUTUNG

In Momenten, in denen nichts vorwärtsgeht, hast du die Möglichkeit, deine Situation aus einer neuen Perspektive zu betrachten. Sei offen für das, was du in dieser erzwungenen Wartezeit lernen kannst, es wird dich zu neuen Erkenntnissen führen. Lass zu, was gerade geschieht, und komm in den Momenten der Untätigkeit zur Ruhe, bis die Zeit zum Handeln und zur Transformation gekommen ist.

LIEBE/PARTNERSCHAFT

Es gibt einen Grund, warum die gegenwärtige Situation stagniert, also nimm dir einen Moment Zeit, um dich auf dieses Gefühl der Ungewissheit einzulassen. Du sollst etwas daraus lernen. Jetzt ist nicht die Zeit, etwas zu ändern, aber du kannst daran arbeiten, deine Situation aus einer anderen Perspektive zu betrachten. Vertrau darauf, dass jetzt der richtige Zeitpunkt ist, auch wenn es dir schwerfällt.

BERUF/GELD

Abwarten wird zu besseren Ergebnissen führen, also nutz die Wartezeit, um deine Sicht der Dinge zu erweitern, indem du deine Situation aus verschiedenen Blickwinkeln betrachtest. Triff jetzt keine übereilten Entscheidungen bezüglich deiner Finanzen oder deiner beruflichen Laufbahn. Warte, bis du ein eindeutiges Signal zum Handeln bekommst.

PERSÖNLICH/SPIRITUELL

Unerwartete Momente des Innehaltens können zu neuen spirituellen Erkenntnissen führen. Eine neue Perspektive auf deine Situation kann deine Überzeugungen vertiefen. Nimm dir Zeit zum Nachdenken und gib dich so vollständig wie möglich dem gegenwärtigen Moment hin.

UMGEKEHRTE KARTE

Die umgekehrte Karte sagt dir, dass du nicht gegen deine derzeitigen Umstände ankämpfen oder mit Gewalt dagegen vorgehen solltest. Verzögerungen sind zwar ärgerlich, aber das Göttliche versucht, dir etwas zu zeigen, was du sonst vielleicht übersehen hättest. Es kann sein, dass du darauf brennst, den nächsten Teil deiner Reise zu beginnen, aber stattdessen solltest du deinen Verstand beruhigen und auf intuitive Botschaften hören. In der Ruhe liegt die Kraft.

REFLEXION

→ Welche neue Perspektive könnte dir der Gehängte für eine schwierige Situation in deinem Leben geben?

13 ✳ DER TOD

Der Tod ist die ultimative Transformation, ein Zyklus des Loslassens, der zur Wiedergeburt führt.

Diese Karte wird oft missverstanden. Der Tod reitet als Skelett in schwarzer Rüstung durch eine Szene mit dem am Boden liegenden toten König und anderen Figuren. Er trägt ein schwarzes Banner mit einer weißen Rose und Ähren darauf. Sie symbolisieren die Jahreszeiten des Wachstums und der Ernte, die wiederum den menschlichen Lebenszyklus verkörpern. Der Schimmel symbolisiert die Freiheit des Menschen, sobald er Tod und Verwandlung akzeptiert hat. Der Tod blickt auf einen Bischof, der ihn anzuflehen oder zu beten scheint. Die erhöhte Position des Todes deutet an, dass spirituelle Erleuchtung über die Lehren der Religionen hinausreicht. Gelb als Farbe der spirituellen Erleuchtung findet sich in der Farbe des Skeletts und auf dem Gewand des Bischofs. Ein Kind und eine junge Frau knien vor dem Pferd, beide in unschuldiger Erwartung des Übergangs in den Tod. In der Ferne geht die Sonne zwischen zwei Türmen auf, die den Verstand und das Unbewusste symbolisieren. Die aufgehende Sonne steht im Kontrast zur schwarzen Rüstung. Sie erhellt die Wiedergeburt, die einst verborgenen Schattenaspekte werden mit Stolz gezeigt. Der Tod ist in diesem Kreislauf des Wandels ebenso beschützt wie wir alle in Zeiten der Transformation.

BEDEUTUNG DER AUFRECHTEN KARTE

Transformation, Befreiung

BEDEUTUNG DER UMGEKEHRTEN KARTE

An der Vergangenheit festhalten, fehlende Veränderungsbereitschaft

NUMEROLOGIE

1 + 3 = 4. Verbunden mit dem Herrscher (4)

ASTROLOGIE

Skorpion (Transformation, Macht, Schutz)

ALLGEMEINE DEUTUNG

Erinnere dich daran, dass das Leben ein ständiger Kreislauf von Tod und Wiedergeburt ist und dass Veränderung ein natürlicher Teil davon ist. Wie die Jahreszeiten veränderst du dich und wächst auf deinem persönlichen Entwicklungsweg. Der Tod fordert dich auf, dich diesem Kreislauf hinzugeben und alles loszulassen, was seinen Zweck erfüllt hat. Das ist kein leichter Prozess, aber sei getröstet durch die Gewissheit, dass in der nächsten Phase deines Lebens etwas Besseres auf dich zukommt und das Alte ersetzt.

LIEBE/PARTNERSCHAFT

Diese Karte zeigt Veränderungen in einer Beziehung an, die radikal oder unerwartet sein können. Auch wenn es schmerzhaft sein kann, bestimmte Aspekte loszulassen, schafft es Platz für etwas Neues und Schönes, das sich entfalten kann. Jedes Ende ist auch ein Anfang.

BERUF/GELD

Wenn eine Phase deiner beruflichen Laufbahn zu Ende geht, kann das mit einer gewissen Traurigkeit verbunden sein, aber das gehört zum Zyklus der Erneuerung und Transformation, der dich in die nächste Phase führt. Die Todeskarte macht deutlich, dass es für dich an der Zeit ist, weiterzuziehen.

PERSÖNLICH/SPIRITUELL

Du befindest dich in einer Phase der Transformation deines Selbst, in der du alte, überholte Verhaltensmuster loslassen kannst. Diese Reinigung schafft Raum für Neues, indem sie dich zwingt, Vergangenes loszulassen.

UMGEKEHRTE KARTE

Die umgekehrte Karte kann bedeuten, dass du an etwas in deinem Leben festhältst, das du beenden solltest. Du wehrst dich dagegen, vorwärtszugehen, oder klammerst dich an die Vergangenheit. Diese Karte verdeutlicht, wie beängstigend es sein kann, Veränderungen zuzulassen, aber auch, dass Widerstand den Zyklus verlängern und das Leiden verstärken kann. Lass los und vertrau dem Universum und dir selbst.

REFLEXION

→ Wenn du dem Tod eine einzige Frage über die Veränderung stellen könntest, die du gerade durchmachst, welche wäre das?

BEDEUTUNG DER AUFRECHTEN KARTE Mäßigung, Harmonie, göttliches Timing

BEDEUTUNG DER UMGEKEHRTEN KARTE

Ungleichgewicht, Ergebnisorientierung

NUMEROLOGIE

1 + 4 = 5. Verbunden mit dem Hierophanten (5)

ASTROLOGIE

Schütze (Abenteuer, Suche nach höherer Weisheit und Wahrheit, Optimismus)

14 ✳ DIE MÄSSIGKEIT

Die Mäßigkeit lehrt uns, dass wir die Unterstützung der Engelwelt in Anspruch nehmen können, um eine ausgewogene Herangehensweise zu finden, die zu besseren Ergebnissen führt, als wir aus eigener Kraft erreichen könnten.

Die Mäßigkeit offenbart einen vielversprechenden Weg nach vorn, für den wir jedoch die Hilfe des Göttlichen benötigen. Das Bild zeigt einen Engel, der mit einem Bein an Land und mit dem anderen im Wasser steht, während er Wasser von einem Becher in den anderen gießt. Das Wasser scheint gleichzeitig in beide Richtungen zu fließen und stellt den Prozess der Alchemie dar, bei dem das Unmögliche durch die Verbindung mit dem Göttlichen möglich wird. Diese Karte zeigt dir, dass das Göttliche dich unterstützen wird, indem es in deinem Namen handelt, sobald du dich für den Weg der achtsamen Bescheidenheit entscheidest. So funktioniert die Alchemie in der geistigen Welt.

ALLGEMEINE DEUTUNG

Wenn du in deinem Leben etwas erreichen willst, musst du es nicht allein tun! Bitte um göttliche Hilfe und Zeichen und folge der inspirierten Führung, wenn du sie wahrnimmst. Sei flexibel und geh maßvoll vor, im Vertrauen darauf, dass die von dir gewünschten Ergebnisse Zeit brauchen. Hab Geduld, während das Universum daran arbeitet, deine Wünsche in die physische Welt zu bringen.

LIEBE/PARTNERSCHAFT

Du solltest jetzt keine Beziehung erzwingen. Das Universum arbeitet hinter den Kulissen daran, Liebe in dein Leben zu bringen, vertrau also diesem göttlichen Timing. In bestehenden Beziehungen solltest du nach Balance und Harmonie suchen und das Universum um göttliche Führung bitten, um das zu erreichen, was du dir wünschst.

BERUF/GELD

In beruflicher und finanzieller Hinsicht ist jetzt das Timing wichtig, also bitte um Botschaften und göttlichen Beistand, um Wohlstand und Karrieremöglichkeiten zu schaffen. Sei geduldig und hab Vertrauen. Wenn du darauf vertraust, dass die Ereignisse ihren Lauf nehmen werden, wird sich aller Reichtum vor dir entfalten.

PERSÖNLICH/SPIRITUELL

Ob du mit etwas Bestimmtem kämpfst oder dich einfach nur verloren fühlst – jetzt ist der perfekte Zeitpunkt, um dich mit dem Göttlichen zu verbinden und Botschaften zu empfangen. Nutz deine intuitive Führung, um voranzukommen und dein Höchstes Selbst zu erreichen. Überlass dich den Plänen des Universums.

UMGEKEHRTE KARTE

Die umgekehrte Karte kann darauf hinweisen, dass du dich zu sehr anstrengst oder eine Situation erzwingen willst, statt dich zu entspannen und zuzulassen, dass sich alles im göttlichen Timing finden wird. Sie kann auch ein Zeichen dafür sein, dass Mäßigung erforderlich ist, um dich wieder auf deinen höchsten Weg auszurichten. Das Göttliche rät dir, ein Gleichgewicht zu finden und extreme Situationen und Verhaltensweisen zu vermeiden.

REFLEXION

→ Was kann die Mäßigkeit dich über Gleichgewicht und Vertrauen in das göttliche Timing lehren?

15 ✴ DER TEUFEL

Der Teufel zeigt uns, in welchen Bereichen unseres Lebens wir uns selbst sabotieren. Wenn wir dies verstehen, können wir uns von diesen Fesseln befreien.

Auch die Karte des Teufels wird oft fehlgedeutet und als böses Omen missverstanden. In Wirklichkeit braucht man den Teufel nicht zu fürchten, wenn man seine Bedeutung verstanden hat. Die Karte zeigt die Figur eines Dämons mit menschlichem Oberkörper, aber mit Hörnern, Drachenflügeln und dem Unterleib eines wilden Tieres, das symbolisieren soll, was wir verteufeln oder fürchten. Ein umgekehrtes Pentagramm krönt ihn und stellt seine Verbindung zur dunklen Energie dar. Der Teufel sitzt auf einer schwarzen Säule, an die ein Mann und eine Frau gekettet sind, die den Liebenden ähneln. Sie sind an den Teufel gefesselt und sehen mit ihren Hörnern und Schwänzen selbst wie kleine Teufel aus.
Der Teufel steht für unsere Abhängigkeiten, selbstsabotierenden Verhaltensweisen, negativen Bewältigungsstrategien und Ängste. Wenn wir bewusst und eigenverantwortlich handeln, können wir uns von diesen Fesseln befreien. Die Karte zeigt uns, wo wir innerlich aus dem Gleichgewicht geraten sind.

BEDEUTUNG DER AUFRECHTEN KARTE

Sabotage, Sucht

BEDEUTUNG DER UMGEKEHRTEN KARTE

Loslassen, Befreiung

NUMEROLOGIE 1 + 5 = 6. Verbunden mit den Liebenden (6). Sie stellen zwei Seiten einer Medaille dar – eine helle, eine dunkle.

ASTROLOGIE

Steinbock (ehrgeizig, pessimistisch, verantwortungsbewusst)

ALLGEMEINE DEUTUNG

Der Teufel begegnet uns als sanfte Konfrontation mit unseren selbstzerstörerischen Gedanken oder Verhaltensweisen. Finde mithilfe deiner Intuition heraus, welche ungesunden Gewohnheiten oder Bewältigungsstrategien du hast. Du brauchst keine Angst davor zu haben, deine Ängste zu erkennen, die zu selbstsabotierendem Verhalten führen. Im Gegenteil, das kann sehr erhellend sein, ähnlich wie die Fackel des Teufels Licht in die Dunkelheit der Karte bringt.

LIEBE/PARTNERSCHAFT

Diese Karte warnt vor einer ungesunden oder toxischen Beziehung, in der es vielleicht mehr um Sex als um Liebe geht, vor einer Co-Abhängigkeit oder einer Beziehung mit einem kontrollierenden Partner. Sie kann dir aber auch signalisieren, dass ihr euer Sexualleben aufpeppen könnt, indem ihr mit Macht und Kontrolle experimentiert.

BERUF/GELD

Du hast eine ungesunde Einstellung zu Geld oder neigst dazu, ein Workaholic zu sein. Der Teufel kann darauf hinweisen, dass du dich aus einer Situation befreien solltest, in der du es mit einem/einer kontrollierenden Chef*in oder einem toxischen Arbeitsumfeld zu tun hast. Vielleicht bleibst du aus den falschen Gründen in deinem Job.

PERSÖNLICH/SPIRITUELL

Es könnte an der Zeit sein, toxische Denkmuster und ungesunde Bewältigungsstrategien zu hinterfragen, um die Ursachen deiner anhaltenden Selbstsabotage zu erkennen und dich davon zu befreien. Falls sich das, was du tust, im Moment gut anfühlt, dann solltest du dich fragen, ob es sich nicht negativ auf dich auswirkt.

UMGEKEHRTE KARTE

Die umgekehrte Karte kann auf neue Möglichkeiten oder das Ende einer toxischen oder schädlichen Situation hinweisen. Sie deutet auf die Befreiung von einem alten und zerstörerischen Muster hin, kann aber auch nahelegen, eine schwierige oder unbequeme Entscheidung zu treffen.

REFLEXION

→ Auf welche toxischen Bindungen möchte der Teufel dich hinweisen?

16 ✴ DER TURM

Der Turm erinnert uns daran, dass ein Zusammenbruch etwas anderes freisetzen kann.

Der Turm ist die am dritthäufigsten missverstandene Karte im Tarot. Ihre Symbolik steht für Zerstörung, den Verlust von Stabilität und einen schwerwiegenden Kontrollverlust. Wenn plötzliche Veränderungen dir deine Komfortzone unter den Füßen wegreißen, ist das beängstigend und beunruhigend – aber gleichzeitig auch eine Chance für Wachstum und Weiterentwicklung. Die Karte zeigt einen hohen Turm, in den ein Blitz einschlägt, der die Krone von der Spitze schleudert. Zwei Gestalten springen panisch aus dem brennenden Gebäude ins Ungewisse. Der Turm selbst steht für das tragende Fundament, auf dem dein Leben aufgebaut ist, während die Krone symbolisch für das Ego steht, das vom Blitz der Erleuchtung zerschmettert wird. Diese kraftvolle Karte sagt uns, dass der Zusammenbruch ein notwendiger Schritt auf unserem Weg ist, damit die nächste Phase beginnen kann. Der Turm reißt im Handumdrehen alte Strukturen ein, die unserem Wachstum nicht mehr dienlich sind.

BEDEUTUNG DER AUFRECHTEN KARTE

Umbruch, plötzliche Veränderung

BEDEUTUNG DER UMGEKEHRTEN KARTE

Klammern, Verlustangst

NUMEROLOGIE 1 + 6 = 7. Steht in Verbindung mit dem Wagen (7) und verweist auf die Beziehung zwischen Kontrolle und Veränderung.

ASTROLOGIE

Mars (Aggression, nach außen gerichtetes Handeln, maskuline Energie)

ALLGEMEINE DEUTUNG

Der Turm signalisiert plötzliche Veränderungen, die sich deiner Kontrolle entziehen und dich vorübergehend verunsichern. Die Botschaft dieser Karte lautet, dass du durchhalten musst, da die Aspekte deines Lebens, die zerstört werden, dir nicht mehr nützlich sind. Eine neue Art des Denkens und Seins will sich durchsetzen. Diese neuen Strukturen werden dein Wachstum und deine Entwicklung fördern.

LIEBE/PARTNERSCHAFT

Die Karte zeigt an, dass bestehende Beziehungsmuster aufgebrochen werden, was zu einer Veränderung führt, die stärkere Bindungen und neue Wege der Partnerschaft ermöglicht. Die alten Wege passen nicht mehr.

BERUF/GELD

Plötzliche Veränderungen in Geldangelegenheiten können zermürbend sein, aber was du jetzt erlebst, wird zu einem Durchbruch führen, einem Verlust, der den Weg zu einem größeren Gewinn frei macht. Die Zerstörung bestehender Strukturen bereitet dich auf einen neuen Karriereweg oder eine neue Art des Geldverdienens vor.

PERSÖNLICH/SPIRITUELL

Das Aufbrechen alter Strukturen macht den Weg frei für eine neue Art, in der Welt zu sein. Plötzliche Umbrüche oder Veränderungen führen zu neuen Erkenntnissen. Vielleicht entwickelst du neue Sichtweisen auf die Welt und erkennst die Schwäche der Strukturen um dich herum. Veränderung ist möglich.

UMGEKEHRTE KARTE

Die umgekehrte Karte kann anzeigen, dass die Auswirkungen dieser Karte subtiler und weniger heftig ausfallen. Sie kann dich darauf hinweisen, dass du versuchst, etwas Neuem auszuweichen, indem du an einem alten Verhaltensmuster festhältst, statt dich der unvermeidlichen Veränderung zu stellen. Der Turm möchte dich darauf aufmerksam machen, dass es sicher ist, zu akzeptieren, was geschieht, auch wenn es sich unangenehm anfühlt, und dass du darauf vertrauen solltest, dass du genau dorthin geführt wirst, wohin du gehen sollst.

REFLEXION

→ Welche Aspekte deines Lebens verändern sich plötzlich oder gewaltsam und rufen den Turm hervor?

17 ✳ DER STERN

Der Stern beleuchtet den Weg zur Heilung, indem er das Licht des Kosmos auf die Erde strahlt.

Diese Karte bringt ein neues Gefühl von Hoffnung und Heilung mit sich. Sie zeigt eine Frau, die am Ufer eines Flusses kniet und ein Bein im Wasser hat, was ihre Verbindung zur geistigen und zur irdischen Welt symbolisiert. Die Sterne am Himmel blicken auf sie herab und leiten sie, während sie Wasser aus zwei Krügen gießt, einen auf die Erde, den anderen ins Wasser. Dies deutet auf das Unbewusste hin, auf Hoffnung, Erneuerung des Glaubens, Inspiration und Kreativität, die aus einer göttlichen Quelle fließen. Der Stern steht für alles, was möglich ist, wenn du heilende Energie in dein Bewusstsein fließen lässt. Dies führt zu einer umfassenderen Heilung des physischen Körpers und des spirituellen Selbst.

BEDEUTUNG DER AUFRECHTEN KARTE

Hoffnung, Heilung

BEDEUTUNG DER UMGEKEHRTEN KARTE

Verlust des Glaubens, Abkoppelung von der Quelle

NUMEROLOGIE

1 + 7 = 8. Verbunden mit der Kraft (8)

ASTROLOGIE Wassermann (futuristisch, visionär, intelligent)

ALLGEMEINE DEUTUNG

Der Stern hellt deine Stimmung nach einer schmerzhaften oder gewaltsamen Veränderung auf und hilft dir, deinen Glauben und deine Hoffnung in die Zukunft zu erneuern. Lass dich von dieser Karte dazu inspirieren, wieder in einen kreativen Fluss zu kommen, indem du alle Gaben, die du in dir trägst, nutzt. Heilende Energie ist in dir vorhanden, sowohl im Körper als auch im Geist.

LIEBE/PARTNERSCHAFT

Die Heilung einer früheren Beziehung oder einer aktuellen Beziehung ist im Gange, hab also Vertrauen in dein Liebesleben. Sei zuversichtlich, dass dein Weg zur Liebe geführt und beschützt wird und dass die Probleme der Vergangenheit hinter dir liegen.

BERUF/GELD

Du wirst zu Möglichkeiten geführt, um in deiner Karriere voranzukommen. Du erhältst Inspirationen für finanzielle Verbesserungen, achte also auf Geistesblitze. Diese Karte kann auch anzeigen, dass du dich von einem finanziellen oder beruflichen Verlust erholst.

PERSÖNLICH/SPIRITUELL

Du erfährst Heilung von der Vergangenheit und blickst hoffnungsvoll in die Zukunft. Göttliche Inspiration strömt auf dich ein, also erlaube dir, deinen kreativen Impulsen zu folgen. Die nahe Zukunft verheißt bessere Gesundheit und mehr seelisches und körperliches Wohlbefinden.

UMGEKEHRTE KARTE

Die umgekehrte Karte symbolisiert deine Loslösung vom Göttlichen und fordert dich auf, die Verbindung wieder aufzunehmen. Verlier nicht den Glauben an den Prozess; du bist noch auf dem richtigen Weg. Du wirst Inspirationen erhalten, gib daher nicht auf. Dein Körper und deine Seele werden heilen, doch das braucht Zeit.

REFLEXION

→ Wie kann der Stern heute deine Hoffnung erneuern?

18 ✳ DER MOND

Der Mond erhellt das Verborgene, bringt es ans Licht und ermutigt dich, auf deine intuitiven Botschaften zu hören.

Die Mondkarte ist eine Einladung, dich mit deinem Schatten-Selbst oder deinen dunklen Seiten, die oft verdrängt werden, auseinanderzusetzen. Du sollst dein Schatten-Selbst nicht fürchten, sondern es annehmen und integrieren. So kannst du das heilen, was du in dir als nicht liebenswert oder inakzeptabel empfindest. Wir sehen hier einen Kojoten und einen Hund, die bei Vollmond heulen, was unser Unbehagen mit der Dualität und dem Fremden symbolisiert. Der Kojote steht für unser wildes, der Hund für unser diszipliniertes Selbst. Der Flusskrebs im Wasser symbolisiert die Suche nach dem Sinn des Lebens und den Wunsch nach Tiefgang sowie die Unzufriedenheit mit dem Leben an der Oberfläche. Der Mond steht zwischen den beiden Türmen, die auch auf der Karte des Todes zu sehen sind und die das Bewusste und das Unbewusste symbolisieren. Im Licht des Mondes wird alles sichtbar. Dazu gehören auch die Botschaften, die du in Träumen und durch Intuition erhältst. Was sich dir offenbart, kann dir zeigen, wo du getäuscht wurdest, wahrscheinlich durch deine eigenen Wahrnehmungen. Es ist an der Zeit, sich der Wahrheit und der Realität zu stellen.

BEDEUTUNG DER AUFRECHTEN KARTE

Träume, Illusionen

BEDEUTUNG DER UMGEKEHRTEN KARTE

Schwierigkeiten vermeiden, die Wahrheit nicht wahrhaben wollen

NUMEROLOGIE

1 + 8 = 9. Verbunden mit dem Eremiten (9)

ASTROLOGIE

Fische (intuitiv, mitfühlend, aufopfernd)

ALLGEMEINE DEUTUNG

Der Mond enthüllt Aspekte deines Schatten-Ichs und beleuchtet deine dunklen, selbstzerstörerischen und negativen Seiten. Diese Karte zeigt die Dualität der menschlichen Natur und verdeutlicht gleichzeitig unser Bedürfnis nach Weiterentwicklung. Indem du dich für die Erweiterung deines Bewusstseins öffnest, bist du gezwungen, zu sehen, was bisher verborgen war. Willst du auf deinem spirituellen Weg weitergehen oder im Dunkeln bleiben, wo du dich sicher fühlst? Der Mond zeigt dir, wo du dies durch Träume und die Entwicklung deiner Intuition tun kannst. Auch im Dunkeln gibt es nichts zu fürchten!

LIEBE/PARTNERSCHAFT

Vielleicht hast du in deiner Beziehung etwas nicht erkannt, doch nun kommt die Wahrheit ans Licht. Geheimnisse werden gelüftet, was zu ehrlichen Gesprächen führt. Das kann bedeuten, dass du dich in deiner Beziehung oder vor dem Eingehen einer Beziehung mit deinen eigenen Überzeugungen auseinandersetzen musst.

BERUF/GELD

Hör auf deine Intuition und lies dir alle Verträge sorgfältig durch, denn vielleicht entdeckst du versteckte Gebühren oder dass ein Geschäft in Wirklichkeit nicht stimmig ist. Vielleicht musst du auch analysieren, was dich davon abhält, deine Ziele zu erreichen oder eine Führungsposition in deinem Beruf einzunehmen.

PERSÖNLICH/SPIRITUELL

Jetzt ist es an der Zeit, Selbsttäuschung, Angst und Scham zu durchleuchten, indem du mit deinem Schatten-Selbst arbeitest. Die Beschäftigung mit deiner spirituellen Entwicklung und Traumarbeit können dir helfen, dich mit bisher verborgenen Aspekten deines inneren Selbst zu verbinden. Du entwickelst dich auf deinem spirituellen Weg weiter und vertiefst dein Bewusstsein.

UMGEKEHRTE KARTE

Die umgekehrte Karte kann darauf hindeuten, dass du dich weigerst, die Wahrheit anzuerkennen, oder dass du dich sträubst, in die Tiefe zu gehen, obwohl deine Intuition dich dazu drängt. Oder du wirst aufgefordert, dich nicht länger selbst zu belügen. Vertrau also deiner intuitiven Führung und erkenne, wo du dich auf deiner spirituellen Reise befindest.

REFLEXION

→ Was könnte der Mond für dich erhellen?

19 ✳ DIE SONNE

Die Sonne offenbart eine Klarheit, die sich erst dann zeigt, wenn wir uns mit unseren dunkelsten Seiten auseinandergesetzt haben.

Die Sonne steht für große Klarheit und die Freude, die sich einstellt, wenn man die Dunkelheit verlässt. Auf der Karte reitet ein kleines Kind mit weit ausgebreiteten Armen auf einem Schimmel. Über ihm strahlt die Sonne, die wie der Schimmel für Unschuld, Optimismus und Freiheit steht. Eine wehende rote Fahne symbolisiert die wiedererwachende Leidenschaft und Liebe. Die Sonne mit ihrem mächtigen Strahlenkranz steht für die Hauptbotschaft der Karte: Klarheit und Erleuchtung. Ein Feld mit Sonnenblumen erinnert dich daran, dass das Leben wieder erblüht und dass auch du aufblühen wirst. Die Karte schenkt ein Gefühl der Erleichterung und erinnert daran, dass nach jeder dunklen Nacht ein neuer Tag beginnt.

BEDEUTUNG DER AUFRECHTEN KARTE

Klarheit, Optimismus

BEDEUTUNG DER UMGEKEHRTEN KARTE

Pessimismus, Verwirrung

NUMEROLOGIE

1 + 9 = 10, 1 + 0 = 1. Verbunden mit dem Magier (1) und dem Rad des Schicksals (10)

ASTROLOGIE

Die Sonne (Lebensenergie, Vitalität, Sichtbarkeit)

ALLGEMEINE DEUTUNG

Die Sonne lädt dazu ein, die Welt mit den Augen eines Kindes zu sehen oder dich mit deinem inneren Kind zu verbinden. Sie bringt Licht in düstere Situationen und schenkt dir neue Vitalität und Klarheit. Deine Gesundheit wird sich verbessern, und du wirst dich wieder am Leben erfreuen.

LIEBE/PARTNERSCHAFT

Diese Karte signalisiert neue Leidenschaft und Liebe in einer bestehenden Beziehung oder eine strahlende Zukunft mit einer neuen Liebe. Die Sonne steht für Spaß und Freude in der Partnerschaft. Sie kann auch die Nachricht einer Schwangerschaft oder den Wunsch nach einer Familie bedeuten.

BERUF/GELD

Aufregende neue Möglichkeiten warten auf dich. Vielleicht entwickelst du aber auch neuen Optimismus und Enthusiasmus für deinen derzeitigen Job oder dein Unternehmen. Falls du selbstständig bist, dann sei offen für neue Geschäftsmodelle oder Einkommenschancen. Die Arbeit mit Kindern oder in einem Familienunternehmen könnte dir viel Freude bereiten.

PERSÖNLICH/SPIRITUELL

Du fühlst dich innerlich und äußerlich gesünder, nachdem du eine Phase der Traurigkeit oder Krankheit überwunden hast. Es wäre gut, wenn du dich um die Heilung deines inneren Kindes kümmern würdest, vielleicht indem du eine neue Leidenschaft entdeckst oder ein Hobby reaktivierst, das dir früher Spaß gemacht hat.

UMGEKEHRTE KARTE

Die Sonne ist eine der wenigen Karten im Deck, die immer dasselbe bedeutet, egal, ob sie aufrecht oder umgekehrt liegt. Manchmal ist es schwer zu erkennen, dass sich die Dinge ändern, wenn dies nicht über Nacht geschieht, aber die umgekehrte Sonne kann dich dazu auffordern, einen zweiten Blick auf deine Situation zu werfen und auch die kleinen Erfolge zu feiern. Sie summieren sich mit der Zeit, wenn man ihnen Aufmerksamkeit schenkt. Sei nicht pessimistisch, alles wird besser.

REFLEXION

→ Was erhellt die Sonne nach einer Phase der Dunkelheit für dich?

20 ✳ DAS GERICHT

Das Gericht sorgt für unsere endgültige Befreiung, wenn wir die Vergangenheit und uns selbst annehmen und dem göttlichen Ruf folgen, spirituell zu erwachen.

Du bist bereit für den nächsten Schritt deines persönlichen Wachstums: Es geht darum, dich selbst anzunehmen und die Vergangenheit loszulassen. Auf dieser Karte bläst ein Engel am Himmel in eine Trompete, während die Toten jubelnd ihre Särge verlassen und dem Ruf folgen. Die Symbolik dieser Karte bezieht sich auf das biblische Thema der Auferstehung am Jüngsten Tag. Neben diesen christlichen Motiven geht es bei dieser Karte darum, auf die Zeichen des Universums, die ein spirituelles Erwachen auslösen, zu hören. Dadurch reflektierst du dein Leben, deine Entscheidungen, Handlungen und Erfahrungen. Vergiss bei der Beurteilung deiner selbst nicht, Mitgefühl für die Person zu haben, die du einmal warst, und lass alle Urteile los, um die Vergangenheit abstreifen zu können.

BEDEUTUNG DER AUFRECHTEN KARTE

Erwachen, Akzeptanz

BEDEUTUNG DER UMGEKEHRTEN KARTE

Selbstzweifel, Neid

NUMEROLOGIE 2 + 0 = 2 (und 1 gedoppelt, also 11). Verbunden mit der Hohepriesterin (2) und der Gerechtigkeit (11)

ASTROLOGIE

Pluto (Transformation, Tod und Wiedergeburt, Macht)

ALLGEMEINE DEUTUNG

Lass deine Urteile über dich selbst los, egal, ob du spirituell erwacht bist oder nicht. Um im Leben voranzukommen, musst du bereit sein, deine Vergangenheit zu akzeptieren und loszulassen, damit du die nächste Phase deines Lebens genießen kannst, was auch immer sie bringen mag. Das Gericht umfasst alle Aspekte des Kreislaufs des Beendens, Loslassens und Vergebens, die dir den Weg aus deiner Vergangenheit in eine strahlende Zukunft ebnen.

LIEBE/PARTNERSCHAFT

Akzeptiere deine Fehler und die deiner Partner, um die Vergangenheit erfolgreich loslassen zu können. Vielleicht melden sich frühere Liebespartner, um sich mit dir zu versöhnen und mit der Vergangenheit abzuschließen. Bemüh dich um Vergebung, um voranzukommen.

BERUF/GELD

Lass dich nicht von vergangenen Fehlern oder falschen Entscheidungen im finanziellen und beruflichen Bereich bestimmen. Konzentrier dich stattdessen darauf, die Vergangenheit hinter dir zu lassen und in eine neue, erfolgreichere Phase deines Lebens einzutreten. Achte auf die Zeichen des Universums und folg ihnen in eine neue berufliche Richtung oder zu einer neuen Geschäftsmöglichkeit.

PERSÖNLICH/SPIRITUELL

Richte deine Energie darauf, die Zeichen des Universums wahrzunehmen, um Selbstkritik und Selbstverurteilung zu beenden. Dies ist der beste Zeitpunkt, um deine spirituellen Gaben anzunehmen, den Schmerz der Vergangenheit hinter dir zu lassen und in eine neue Phase des spirituellen Erwachens einzutreten.

UMGEKEHRTE KARTE

Die umgekehrte Karte kann bedeuten, dass du alte Muster wiederholst, ohne wichtige Lektionen zu lernen. Vielleicht verurteilst du dich selbst zu hart oder klammerst dich an die Vergangenheit, und beides hindert dich daran, auf deinem Weg voranzukommen. Die umgekehrte Karte kann auch bedeuten, dass du eine größere Aufgabe übersiehst, also hab keine Angst, dich auf Wachstum und Veränderung einzulassen.

REFLEXION

→ Das Gericht fragt: Welche deiner Eigenschaften hast du akzeptiert?

21 ✳ DIE WELT

Ein Zyklus ist abgeschlossen, doch das Ende ist auch ein neuer Anfang. Freu dich, denn du wirst für deine harte Arbeit belohnt werden.

Du bist bereit für die Belohnungen der vollendeten Reise des Narren, die ihren Höhepunkt in der Karte der Welt findet. Die Person auf der Karte hält wie der Magier in jeder Hand einen Zauberstab als Symbol für das Erreichte. Ein Siegerkranz als Symbol des Erfolgs umgibt sie. Die Karte weist Ähnlichkeiten mit der Karte Rad des Schicksals auf. Ein Kranz schwebt in den Wolken, und die Symbole der fixen Tierkreiszeichen – Wassermann (Luft), Löwe (Feuer), Stier (Erde) und Skorpion (Wasser) – weisen darauf hin, dass diese Zeichen und Elemente zu deiner harten Arbeit beigetragen haben, die du in die Vollendung dieses Zyklus investiert hast. Du wirst also nicht mit leeren Händen aus diesen schwierigen Zeiten hervorgehen. Freu dich auf die Belohnungen, die dir jetzt zuteilwerden.

BEDEUTUNG DER AUFRECHTEN KARTE Erfolg, Belohnung

BEDEUTUNG DER UMGEKEHRTEN KARTE

Nichts abschließen, Belohnung lässt auf sich warten

NUMEROLOGIE 2 + 1 = 3 (es besteht auch eine Verbindung zu 1, 2 oder 12). Verbunden mit der Herrscherin (3) und dem Gehängten (12)

ASTROLOGIE

Saturn (Verantwortung, Beschränkung, Zeit)

ALLGEMEINE DEUTUNG

Die Welt steht für das Ende eines Zyklus und erinnert dich daran, dass du nach Abschluss eines Projekts die Belohnung für deine Bemühungen erhältst. Feiere deine Erfolge und schätze, wie weit du gekommen bist. Freu dich auf das, was vor dir liegt. Du bist jetzt bereit, eine neue Reise aus einer Position der Stärke und Reife zu beginnen.

LIEBE/PARTNERSCHAFT

Du zelebrierst deine Liebe und findest Erfüllung in deiner Beziehung. Vielleicht lernst du auch gerade einige Lektionen und trittst in eine neue Phase deiner Beziehung ein, während du zuversichtlich und gespannt in die Zukunft blickst.

BERUF/GELD

Vielleicht bekommst du bald eine Belohnung oder Anerkennung in Form einer Beförderung oder Gehaltserhöhung (oder eines akademischen Grades), mit der du deinen Erfolg feiern kannst. Überleg dir, ob du mehr Verantwortung übernehmen und den nächsten Karriereschritt machen möchtest.

PERSÖNLICH/SPIRITUELL

Du hast einen Lebensabschnitt abgeschlossen, der dich in die nächste Phase führt. Genieße es, wo du jetzt stehst, und nimm dir Zeit, um darüber nachzudenken, wie weit du gekommen bist. Du hast deine Ziele erreicht und kannst stolz auf dich sein.

UMGEKEHRTE KARTE

Die umgekehrte Karte signalisiert dir, dass ein Zyklus abgeschlossen werden kann, auch wenn du vielleicht noch nicht bereit dafür bist. Vielleicht hindert dich ein fehlender Schlusspunkt oder eine verspätete Belohnung deiner Anstrengungen daran, das Ende der Situation zu erkennen. In diesem kannst du den Abschluss selbst herbeiführen, indem du deine Bereitschaft bekräftigst, weiterzumachen, und dich für einen neuen Energiekreislauf öffnest, weil du darauf vertraust, dass du gewachsen und bereit für das nächste Abenteuer bist.

REFLEXION

→ Welchen Zyklus der Vollendung kannst du in diesem Moment feiern?

ASS der KELCHE

II

III

IV

V

VI

VII

VIII

IX

X

BUBE der KELCHE

RITTER der KELCHE

KÖNIGIN der KELCHE

KÖNIG der KELCHE

KAPITEL 5

Die kleinen Arkana: Kelche

JEDE DER VIER Farben im Tarot ist einem anderen Element zugeordnet. Die Kelche stehen für das Element Wasser und für die Wasserzeichen im Tierkreis: Krebs, Skorpion und Fische. Beginnend mit dem Ass der Kelche sehen wir uns im Folgenden die universellen Bedeutungen der einzelnen Karten genauer an. Kelche symbolisieren Gefühle, Liebe und Intuition. Dass Kelche mit unterschiedlichsten Gefühlen assoziiert werden, kommt auch in folgenden Redewendungen zum Ausdruck: »Den bitteren Kelch bis zur Neige leeren«, »Der Kelch geht an mir vorüber« oder »Das Glas ist halb voll oder halb leer«.

ASS der KELCHE

Das Geschenk einer neuen Liebe wird dir angeboten. Nimm dieses Geschenk des Göttlichen an.

Das Ass der Kelche symbolisiert das Geschenk eines Neuanfangs, der auf Liebe und Gefühlen beruht. Die Hand des Göttlichen erhebt sich aus einer Wolke und reicht den goldenen Kelch der Liebe, aus dem fünf Wasserstrahlen in einen Teich fließen, der von blühenden Lilien umgeben ist. Die Wasserstrahlen weisen darauf hin, dass der Kelch auf vielfältige Weise in unserem Leben wirksam werden kann. Eine weiße Taube symbolisiert den Frieden und die Hostie in ihrem Schnabel das Geschenk der Verbindung mit dem Göttlichen.

BEDEUTUNG DER AUFRECHTEN KARTE

Neue Liebe, Beziehungen

BEDEUTUNG DER UMGEKEHRTEN KARTE

Erschöpfung, Enttäuschung

NUMEROLOGIE

1, Neuanfang, das Individuum

ALLGEMEINE DEUTUNG

Wenn das Ass der Kelche erscheint, bietet dir das Göttliche das Geschenk der Liebe an, die viele Formen annehmen kann, einschließlich der Selbstliebe, einer neuen Beziehung oder einer neuen Verbindung, die Liebe, Frieden und Glück in dein Leben bringen wird. Sei offen für dieses Geschenk; es ist für dich bestimmt!

LIEBE/PARTNERSCHAFT

Eine neue Liebe kommt. Liebe dich selbst, das bringt mehr Liebe in dein Leben. Falls du bereits in einer Partnerschaft lebst, erlebst du vielleicht frischen Wind in eurer Beziehung. Die Karte kann auch eine Schwangerschaft oder die Ankunft eines Babys ankündigen.

BERUF/GELD

Eine neue Chance oder ein neuer Job ist in Sicht und wird dich emotional erfüllen. Aber vielleicht empfindest du auch mehr Begeisterung für deine derzeitige Arbeit. Auch könnten sich bald neue Einkommensquellen aus kreativen Tätigkeiten ergeben.

PERSÖNLICH/SPIRITUELL

Konzentrier dich auf die Selbstliebe und nimm dir Zeit für dich selbst. Bald werden sich dir neue Möglichkeiten und Inspirationen für deine persönliche Entwicklung eröffnen. Du wirst schon bald mehr Freude an deiner spirituellen Praxis haben.

UMGEKEHRTE KARTE

Die umgekehrte Karte kann ein Zeichen dafür sein, dass du dich leer oder erschöpft fühlst und Selbstfürsorge brauchst. Oder du bist von einer Beziehung enttäuscht, die nicht deinen Erwartungen entspricht. Steht das Ass der Kelche auf dem Kopf, solltest du nach innen gehen, um bei dir selbst emotional aufzutanken.

REFLEXION

→ Welches Geschenk macht dir das Ass der Kelche?

ZWEI der KELCHE

Die Begegnung zweier Menschen bringt Ausgeglichenheit und Harmonie in eine erfüllende Beziehung.

Diese Karte zeigt an, dass du bereit bist, eine bestehende Verbindung zu vertiefen. Die Zwei der Kelche zeigt zwei Figuren, die der Hohepriesterin und dem Narr ähneln und sich in die Augen schauen, während sie ihre Kelche austauschen. Zwischen den beiden sitzt ein geflügelter Löwe auf einem Hermesstab, wobei der Löwe die Leidenschaft und den Schutz der geistigen Welt symbolisiert und der Hermesstab für eine harmonische Kommunikation steht. Die Kränze auf den Köpfen der beiden Figuren deuten an, dass beide von dieser harmonischen Partnerschaft profitieren. Das Haus im Hintergrund steht für ein friedliches Privatleben.

BEDEUTUNG DER AUFRECHTEN KARTE

Partnerschaft, Vereinigung

BEDEUTUNG DER UMGEKEHRTEN KARTE

Disharmonie, Trennung

NUMEROLOGIE

2, Partnerschaft, Harmonie

ALLGEMEINE DEUTUNG

Die Zwei der Kelche symbolisiert geteilte Gefühle und gegenseitige Anziehung. Es kann sich um eine Liebesbeziehung handeln, in der beide Seiten eine tiefere Verbindung als nur körperliches Verlangen teilen. Wie auch immer diese Beziehung aussieht, sie ist geprägt von einer sich gegenseitig aufbauenden Energie und von einer Dynamik des gegenseitigen Gebens und Nehmens.

LIEBE/PARTNERSCHAFT

Eine wunderbare neue Beziehung steht bevor oder beginnt gerade. Vielleicht ist auch deine jetzige Beziehung von Liebe, gegenseitiger Unterstützung und emotionaler Tiefe erfüllt.

BERUF/GELD

Für dich bahnt sich eine neue Partnerschaft oder neue berufliche Chance an. In deinem jetzigen Beruf kannst du ein ausgeglichenes Geben und Nehmen seitens deiner Kolleg*innen oder eine großzügige Geste erwarten.

PERSÖNLICH/SPIRITUELL

Durch die Vertiefung deiner spirituellen Praxis oder deines Hobbys entstehen neue Beziehungen, die auf gegenseitigem Interesse beruhen. In deinen gegenwärtigen Beziehungen wirst du dich geliebt und in deinem Leben unterstützt fühlen.

UMGEKEHRTE KARTE

Die umgekehrte Karte kann auf Disharmonie oder Ungleichgewicht in einer Beziehung hinweisen. Ebenso ist eine neue oder bevorstehende Trennung möglich, die immer schmerzhaft und schwierig ist. Versuch, immer daran zu denken, dass durch das Ende einer Beziehung Raum für eine bessere Verbindung entsteht.

REFLEXION

→ Was schenken sich deiner Meinung nach die beiden Personen auf dieser Karte?

DREI *der* KELCHE

Freu dich, feiere mit den Menschen, die dir wichtig sind, und lass dich von deinen Beziehungen beflügeln.

Diese Karte strahlt Fröhlichkeit aus. Sie zeigt drei junge Frauen, die gemeinsam in einem Garten tanzen und ihre Kelche zum Trinkspruch erheben. Diese Karte zeigt an, dass du Freundschaft, Geselligkeit und alle anderen Freuden des Lebens feierst. Die üppige Vegetation symbolisiert, dass du das Leben im gegenwärtigen Moment genießt, während die drei Jungfrauen für Verbundenheit, Fruchtbarkeit und Kreativität stehen.

BEDEUTUNG DER AUFRECHTEN KARTE

Feiern, Zusammengehörigkeit

BEDEUTUNG DER UMGEKEHRTEN KARTE

Emotionale Erschöpfung, übermäßiges Vergnügen

NUMEROLOGIE

3, Gemeinschaft, Kreativität

ALLGEMEINE DEUTUNG

Die Drei der Kelche fordert dich auf, mehr Spaß zu haben, ausgelassener zu sein und mehr Zeit mit Freunden und Familie zu verbringen. Der Kontakt mit anderen ist ein wunderbares Mittel, um Stress abzubauen und neue Energie zu tanken. Widme dich Aktivitäten, die dir Spaß machen und dir Freude bereiten, umgeben von Menschen, die dich ermutigen und inspirieren.

LIEBE/PARTNERSCHAFT

Die Karte weist darauf hin, dass du mithilfe deiner Freunde eine neue Partnerschaft eingehen könntest. Ebenso erinnert sie dich daran, dass die Liebe in dein Leben kommt, wenn du das tust, was du liebst und dir Spaß macht. Wenn du schon in einer Beziehung bist, geht raus und habt Spaß zusammen, gern auch in einer Gruppe oder in Gemeinschaft mit anderen.

BERUF/GELD

Jetzt ist ein guter Zeitpunkt, um mit Menschen zusammenzuarbeiten, die dich unterstützen. Diese Art von mitfühlender Verbindung trägt dazu bei, dass du dich sicher fühlst, wenn du neue Projekte in Angriff nimmst, weil du weißt, dass du ein starkes Team hast, das dir den Rücken stärkt. Der Austausch mit Kolleg*innen und Freundschaften mit Menschen, die in deiner Branche arbeiten, eröffnen dir neue Möglichkeiten.

PERSÖNLICH/SPIRITUELL

Du sehnst dich nach Zeit mit deiner Seelenfamilie. Such Kontakt zu einer Gemeinschaft, die dich unterstützt und aufmuntert. Feste mit guten Freunden oder der Familie sind jetzt genau das Richtige für dich.

UMGEKEHRTE KARTE

Die umgekehrte Karte kann ein Zeichen für übermäßigen Genuss oder zu viele Partys sein, vielleicht bist du zu oft ausgegangen und fühlst dich jetzt erschöpft. Sie kann auch Spannungen in Freundschaften, Klatsch und Tratsch und Grenzüberschreitungen anzeigen. Manchmal kann diese Karte sogar auf eine Affäre hinweisen. Lass dich von deiner Intuition leiten, was für dich stimmig ist.

REFLEXION

→ Wie steht es mit deiner Gemeinschaft, deinen Freundschaften und deiner Kreativität?

VIER der KELCHE

Der Blick in die Vergangenheit verrät nicht, was die Zukunft bringt. Überall bieten sich neue Möglichkeiten, du musst sie nur erkennen.

Stillstand und Langeweile sind die Hauptthemen der Vier der Kelche. Ein junger Mann sitzt mit verschränkten Armen und Beinen unter einem Baum, während die Hand des Göttlichen aus einer Wolke auftaucht und ihm einen Kelch reicht. Der Kelch scheint vor ihm zu schweben, aber er starrt nur auf die drei Kelche. Seine Körpersprache ist verschlossen, um nichts aufzunehmen. Das zeigt, dass er sich vor Verletzungen schützen will. Er nimmt eine neue, strahlende Chance nicht wahr, weil er viel zu sehr auf die Kelche, die vor ihm stehen, konzentriert ist. Diese stehen für die Vergangenheit und für Situationen, die in irgendeiner Weise unbefriedigend waren. Er wünscht sich Zufriedenheit, aber er scheint nicht zu wissen, wie er weitermachen soll.

BEDEUTUNG DER AUFRECHTEN KARTE

Apathie, Stagnation

BEDEUTUNG DER UMGEKEHRTEN KARTE

Fehlende Veränderungsbereitschaft, schlechte Laune

NUMEROLOGIE

4, Umstrukturierung, Neuausrichtung

ALLGEMEINE DEUTUNG

Es kann schwierig sein, die Perspektive zu wechseln und sich für etwas Neues zu begeistern, wenn man in der Vergangenheit verletzt oder enttäuscht wurde. Wird die nächste Erfahrung nur eine Wiederholung sein? Machen wir uns umsonst Hoffnungen? Das sind die Fragen, die diese Karte aufwirft. Wie Wasser müssen auch Emotionen frei fließen, und in dieser Karte ist die emotionale Energie erstarrt. Um sich vor Schmerz zu schützen, verschließt man sich vor Gefühlen, was zu Apathie führt.

LIEBE/PARTNERSCHAFT

Neue Gelegenheiten für Liebe und Partnerschaft liegen in der Luft, also richte deinen Blick nicht auf die Vergangenheit, sondern auf die unbegrenzten Möglichkeiten der Zukunft. Das Festhalten an vergangenen Lieben verhindert, dass neue Energie in dein Leben fließt, auch in deine gegenwärtigen Beziehungen. Öffne dich, auch wenn es dir Angst macht. Es ist Zeit, wieder Menschen in dein Leben zu lassen.

BERUF/GELD

Vielleicht langweilst du dich in deinem jetzigen Job oder du bist enttäuscht von deiner jetzigen Position. Wenn du deine Einstellung änderst oder eine andere Perspektive einnimmst, kann sich deine Situation grundlegend ändern. Diese Veränderung beginnt bei dir selbst, also achte auf die neuen Möglichkeiten, die sich dir bieten, wenn du deine Gefühle in den Griff bekommst.

PERSÖNLICH/SPIRITUELL

Diese Karte dient als sanfte Konfrontation mit überholten Denkmustern oder mit Aspekten deiner spirituellen Praxis, die dich nicht mehr so erfüllen wie früher. Die Vier der Kelche sagt dir, dass es an der Zeit ist, dich für etwas Neues zu öffnen. Wenn du bereit bist, die Vergangenheit hinter dir zu lassen, werden sich automatisch neue Türen für dich öffnen.

UMGEKEHRTE KARTE

Die umgekehrte Karte ist ihrer aufrechten Bedeutung sehr ähnlich, hat aber eine noch tiefere Verbindung zur Vergangenheit. Unzufriedenheit mit deiner gegenwärtigen Situation wird nicht dadurch gelöst, dass du dich auf die Vergangenheit konzentrierst oder immer wieder alte Geschichten durchspielst. Warte nicht darauf, dass sich deine äußere Situation ändert, die Veränderung beginnt von innen heraus.

REFLEXION

→ Warum lehnt die Figur auf dieser Karte wohl den Kelch ab, der ihr gereicht wird?

FÜNF der KELCHE

Hadere nicht mit den Fehlern der Vergangenheit, das bringt dich nicht weiter. Überwinde deine Melancholie und versuch, das Vergangene anzunehmen.

Auf dieser Karte steht ein Mann in schwarzer Kleidung, den Kopf in Trauer gesenkt. Ein Fluss trennt ihn von seiner Umgebung, er steht für Isolation und Distanz. Vor ihm liegen drei verschüttete Kelche, die Verlust, Kummer und Trauer symbolisieren. Diese und eine teilweise verdeckte Brücke symbolisieren seine Chancen, ins Leben zurückzukehren. Wenn er sich nur umdrehen könnte, würde er sehen, dass nicht alles verloren ist. Seine Reise mag noch eine Weile dauern, aber am Ende wird er es schaffen.

BEDEUTUNG DER AUFRECHTEN KARTE

Kummer, Traurigkeit

BEDEUTUNG DER UMGEKEHRTEN KARTE

Hoffnungsschimmer, durchhalten

NUMEROLOGIE

5, Herausforderung, Kampf

ALLGEMEINE DEUTUNG

Die Fünf der Kelche fordert dich auf, deine Gefühle der Traurigkeit und Enttäuschung zuzulassen. Nur zu, wein dich ruhig aus. Der Trauerprozess braucht Zeit, aber er dauert nicht ewig. Die beiden stehenden Kelche werden sich wieder füllen, wenn du deinen Weg aus der Dunkelheit findest und Freude, Verbundenheit mit anderen und Zufriedenheit wiederentdeckst. Es gibt immer einen Ausweg.

LIEBE/PARTNERSCHAFT

In deiner Beziehung können Gefühle der Enttäuschung oder Traurigkeit auftauchen. Oder du knabberst an einer Trennung oder am Verlust einer Beziehung. Nimm dir die Zeit, die du brauchst, um zu trauern und zu verarbeiten, bevor du dich wieder der Liebe zuwendest. Es gibt immer Hoffnung.

BERUF/GELD

Ein Job oder ein Geschäft, das nicht so gelaufen ist, wie du es dir erhofft hattest, hat Gefühle von Verlust oder Schmerz im Zusammenhang mit Arbeit und Geld ausgelöst. Enttäuschungen in der Arbeitswelt sind sehr belastend, aber diese Gefühle stellen einen Wendepunkt dar. Eine neue berufliche Richtung oder ein neuer Geschäftspartner zeichnen sich am Horizont ab.

PERSÖNLICH/SPIRITUELL

Der Trauerprozess ist notwendig, damit du in deine nächste emotionale Lebensphase eintreten kannst. Du solltest die Isolation, Traurigkeit und Depression zulassen und ihnen mit Mitgefühl begegnen. Hab Geduld mit dir selbst.

UMGEKEHRTE KARTE

Die umgekehrte Karte ist das hoffnungsvolle Zeichen dafür, dass du deine Situation mit anderen Augen siehst. Sieh den Silberstreif am Horizont und akzeptiere die Wahrheit; das führt dich auf den Weg der Heilung und des Wachstums.

REFLEXION

→ Wann hast du jemals die traurige Energie dieser Karte gespürt?

SECHS der KELCHE

Liebevolle gegenseitige Unterstützung und Fürsorge sind wie ein Zuhause.

Nach einer Zeit des Kummers oder der Entbehrung hast du die Brücke zur harmonischen Energie der Sechs der Kelche überquert. Ein Junge und ein Mädchen, gekleidet wie Märchenfiguren, spielen auf dem Hauptplatz einer sonnigen gelben Stadt. Der Junge überreicht dem Mädchen einen Kelch mit einer weißen Blume. Um sie herum stehen weitere Kelche mit weißen Blumen, die die Unschuld symbolisieren. Die Kinder, ihre lustigen Kostüme und die Atmosphäre spielerischer Unschuld wecken Kindheitserinnerungen und den Wunsch, Zeit dort zu verbringen, wo man aufgewachsen ist. Im Hintergrund ist eine Person mit einer Lanze zu sehen, die die spielenden Kinder zu beschützen scheint. Sie sind geborgen und frei von Sorgen.

BEDEUTUNG DER AUFRECHTEN KARTE

Harmonie, Erinnerungen

BEDEUTUNG DER UMGEKEHRTEN KARTE

Nostalgie, an der Vergangenheit festhalten

NUMEROLOGIE

6, Harmonie, Wechselwirkung

ALLGEMEINE DEUTUNG

Die Sechs der Kelche bittet dich, dich an die Zeit zu erinnern, in der du glücklich warst und dich sicher und sorglos gefühlt hast. Verbring Zeit mit deinen Kindern oder verbinde dich mit deinem inneren Kind. Das sind gute Möglichkeiten, um dich mit der Kraft dieser Karte zu verbinden. Alternativ kannst du auch alte Freunde oder Menschen treffen, die für dich wie eine Familie sind. Die Freude, die du als Kind empfunden hast, wird dir helfen, das Beste aus dem gegenwärtigen Moment zu machen, indem du entweder Unterstützung und Liebe erfährst oder dich wieder mit deinem kindlichen Wesen verbindest.

LIEBE/PARTNERSCHAFT

Du führst eine liebevolle, unterstützende Beziehung, die sich wie ein Zuhause anfühlt und in der es vielleicht auch Kinder gibt. Oder jetzt ist ein guter Zeitpunkt, um deiner Familie deine/n neue/n Partner*in vorzustellen. Wenn du im Moment niemanden hast, triffst du vielleicht eine Person, der du von deiner Vergangenheit erzählen kannst.

BERUF/GELD

Der Umgang mit Kindern tut dir richtig gut. Die Unterstützung deiner Familie oder das Gefühl, dass deine Kolleg*innen wie eine Familie sind, ist motivierend, um dich auf dein Ziel auszurichten und etwas zu erreichen. Versuch, das Gefühl von Harmonie und Unterstützung auch in deine Arbeit zu integrieren.

PERSÖNLICH/SPIRITUELL

Verbring Zeit mit deinen Kindern oder mit deinem inneren Kind, das tut dir gut. Auch spielerische Kreativität und gegenseitige liebevolle Unterstützung bringen viel Harmonie in dein Leben. Es wäre auch gut, Zeit mit alten Freunden oder Freunden, die wie Familienmitglieder für dich sind, zu verbringen.

UMGEKEHRTE KARTE

Die umgekehrte Karte kann auf ein ungesundes Festhalten an nostalgischen Gefühlen hinweisen oder auf deine Überzeugung, dass die Vergangenheit irgendwie besser war als die Gegenwart. Wünschst du dir, die Dinge wären wieder so wie früher, statt die Chancen zu nutzen, die vor dir liegen?

REFLEXION

→ Welche Erinnerung weckt diese Karte bei dir?

SIEBEN der KELCHE

Was du dir erträumst, kannst du auch erreichen. Vergewissere dich nur, dass du deine Wünsche richtig verstehst und einen soliden Plan hast, bevor du deinen Gefühlen folgst.

Die Karte der Sieben der Kelche symbolisiert die Vision unendlicher Wahlmöglichkeiten. Eine Figur schaut auf die sieben Kelche, die aus den Wolken zu kommen scheinen. Diese ähneln den Wolken auf dem Ass der Kelche und auf der Vier der Kelche. Handelt es sich dabei um göttliche Geschenke oder um die Visionen des Betrachters? Jeder Kelch enthält einen anderen Traum, darunter Reichtum, Erfolg, Liebe, Klugheit, Leidenschaft, Fantasie und Macht. Die Person muss sorgfältig abwägen, was sie tun muss, um diese Träume zu verwirklichen, und welchen Preis sie dafür zahlen muss.

BEDEUTUNG DER AUFRECHTEN KARTE

Möglichkeiten, Tagträume

BEDEUTUNG DER UMGEKEHRTEN KARTE

Illusionen, Verwirrung

NUMEROLOGIE

7, Planung, Nachdenken

ALLGEMEINE DEUTUNG

Die dargestellten Optionen stehen für Träume, die noch nicht Wirklichkeit geworden sind. Bevor ein Wunsch Gestalt annehmen kann, existiert er als energetisches Potenzial, dargestellt durch die Kelche. Auf welchen Kelch möchtest du dich fokussieren? Wenn du meditierst und nach innen schaust, wird dich deine Intuition zu dem Kelch führen, mit dem du am meisten in Resonanz stehst.

LIEBE/PARTNERSCHAFT

In der Liebe kannst du aus zu vielen Möglichkeiten wählen, doch du brauchst zuerst Klarheit darüber, was du wirklich willst. Die Beziehung, die du dir wünschst, ist möglich, aber du musst Energie darauf verwenden, sie zu finden. Erst dann kannst du deiner Intuition folgen und sie in die Realität umsetzen.

BERUF/GELD

Inspiration und Zukunftsträume sind die ersten Schritte auf dem Weg zu einer erfüllenden Karriere. Entscheide, worauf du dich konzentrieren willst, und folg dann deiner Intuition. Hör auf deine Intuition, wenn du berufliche Angebote bekommst, um sicherzugehen, dass sie wirklich zu dir passen.

PERSÖNLICH/SPIRITUELL

Nimm dir Zeit für deine Träume und übe, dich durch Visualisierung oder geführte Meditation in sie hineinzuversetzen. Nutz deine spirituelle Praxis, um dich in deiner Entscheidungsfindung leiten zu lassen, damit du mit ganzem Herzen voranschreiten kannst.

UMGEKEHRTE KARTE

Die umgekehrte Karte kann eine Warnung sein, dass der Schein oft trügt. Es ist eine Warnung, sich vor Dingen in Acht zu nehmen, die zu schön erscheinen, um wahr zu sein. Lass dich nicht zu sehr auf etwas ein, das extreme Emotionen auslöst, denn die Begeisterung kann so schnell verfliegen, wie sie gekommen ist. Such in jeder Situation nach der Wahrheit dahinter und handle mit Bedacht.

REFLEXION

→ Welche Tagträume würdest du gern verwirklichen?

ACHT der KELCHE

Gib dich nie mit »ganz okay« zufrieden. Such nach der besten Möglichkeit, sie wartet bereits auf dich.

Nachdem du dich mit Enttäuschungen und falschen Versprechungen herumgeschlagen hast, zeigt dir die Acht der Kelche, dass du endlich bereit bist, dich aus schwierigen und kontraproduktiven Situationen zu befreien. Unter der Mondsichel in Verbindung mit der Sonne, die das bewusste und das intuitive Selbst repräsentieren, entfernt sich eine Figur von acht aufrecht stehenden Kelchen. Sie trägt ein rotes Gewand und rote Stiefel, die die Leidenschaft symbolisieren, die in der Begierde wurzelt. Sie hat von jedem Kelch gekostet und entschieden, dass keiner der Inhalte sie befriedigt, sodass sie sich auf die Suche nach tieferer Erfüllung machen muss. Ihr Stab erinnert an den Stab des Eremiten, ein Symbol der Kraft, auf das sie sich stützt, während sie dem Weg entlang des Flusses folgt. Der Fluss symbolisiert Intuition und das Erspüren des Weges in der Dunkelheit, der vom Mondlicht erhellt wird.

BEDEUTUNG DER AUFRECHTEN KARTE

Weitergehen, durchhalten

BEDEUTUNG DER UMGEKEHRTEN KARTE

Klammern, Veränderungen vermeiden

NUMEROLOGIE

8, Bewegung, Übergang

ALLGEMEINE DEUTUNG

Die Acht der Kelche erinnert dich daran, dass du dich nicht damit abfinden musst, wenn du spürst, dass dir etwas in deinem Leben fehlt. Du musst nicht genau wissen, was dir fehlt, aber du solltest bereit sein, deinem Herzen und deiner Intuition zu folgen, um ein sinnvolleres Leben zu führen. Um diese Reise anzutreten, musst du zuerst Dinge loslassen, die dich in der Vergangenheit glücklich gemacht haben, darunter Menschen, Verhaltensmuster, Gegenstände und Orte. Das mag sich im Moment belastend anfühlen, aber lass nicht zu, dass dich dieser Anflug von Traurigkeit länger als nötig in einer Situation gefangen hält. Folge dem Ruf, zu handeln.

LIEBE/PARTNERSCHAFT

Du trennst dich von einer Beziehung, die dir nicht mehr guttut. Das kann bedeuten, dass du von einem Verhaltensmuster Abstand nimmst, das deiner jetzigen Beziehung nicht zuträglich ist, oder dass du dich in Zukunft von ungesunden Beziehungen fernhältst.

BERUF/GELD

Du bist bereit, einen Job oder einen Karriereweg aufzugeben, der dich nicht mehr erfüllt. Weil du mental ausgebrannt bist, musst du jetzt handeln und einen Job, eine Tätigkeit oder ein Projekt aufgeben, das nicht mit deinen Zielen und Ambitionen übereinstimmt.

PERSÖNLICH/SPIRITUELL

Sich von Freundschaften und Gemeinschaften zu trennen, die nicht mit deinen persönlichen Überzeugungen oder deinem spirituellen Weg übereinstimmen, kann schwierig sein, ist aber notwendig. Du begibst dich auf die Suche nach einem tieferen Sinn in deinem Leben, entweder durch Reisen, durch eine spirituelle Praxis oder durch den Blick nach innen.

UMGEKEHRTE KARTE

Die umgekehrte Karte kann eine sanfte Erinnerung daran sein, dass du länger als nötig in einer Beziehung, einem Job oder einer Situation geblieben bist. Vielleicht hast du Angst vor Veränderungen, aber es ist an der Zeit, diese Dinge hinter dir zu lassen. Auf dich wartet etwas Besseres, also trau dem Unbekannten.

REFLEXION

→ Was denkst du, wie sich die Person fühlt, die von den Kelchen weggeht?

NEUN der KELCHE

Lehn dich zurück und erfreu dich an der Fülle, die du geschaffen hast, denn Dankbarkeit verstärkt den Fluss des Erfolges.

Die Neun der Kelche strahlt die Energie der Fülle, des Reichtums und der Sicherheit aus. Der Mann auf der Karte sieht stolz und zufrieden aus; hinter sich hat er neun Kelche wie Trophäen aufgestellt. Er hat für diese Kelche hart gearbeitet und ist mit seiner Leistung zufrieden, wie das blaue Tuch unter den Kelchen andeutet. Die Neun der Kelche enthält die Energien aller Karten vor ihr und durchläuft auf ihrem Weg auch deren Lektionen. Im Tarot ist diese Karte als »Wunschkarte« bekannt und steht für die Erfüllung von Träumen oder Bemühungen.

BEDEUTUNG DER AUFRECHTEN KARTE

Zufriedenheit, Überfluss

BEDEUTUNG DER UMGEKEHRTEN KARTE

Übermut, Arroganz

NUMEROLOGIE

9, kurz vor der Vollendung, Einsamkeit

ALLGEMEINE DEUTUNG

Die Neun der Kelche fordert dich auf, dich zu entspannen und zu genießen, was du dir hart erarbeitet hast, und deine Erfolge nicht herunterzuspielen. Du hast ganz allein einen langen Weg zurückgelegt und schwelgst im Überfluss. Genieße diese Momente, teile dein Glück mit anderen, und deine Großzügigkeit wird immer zu dir zurückkehren.

LIEBE/PARTNERSCHAFT

Du erreichst eine neue Ebene des Glücks und der Intimität, entweder in einer bestehenden oder in einer neuen Beziehung. Du ziehst eine/n Partner*in an, die/der glücklich ist und in sich ruht und bereit für eine ernsthafte Beziehung ist. Du erfährst Liebe und Glück im Überfluss.

BERUF/GELD

Aktuelle Projekte stehen kurz vor dem Abschluss, also freu dich darauf, sie zu feiern, bevor du dich einer neuen Idee zuwendest. Du kannst damit rechnen, Anerkennung für eine gute Arbeit oder sogar eine Beförderung zu erhalten. Wenn du deiner Intuition folgst und deine Ideen berücksichtigst, wirst du zu mehr Wohlstand und Überfluss gelangen.

PERSÖNLICH/SPIRITUELL

Deine Gesundheit verbessert sich, und du bist glücklich und zufrieden. Wünsch dir etwas und folg weiterhin deiner intuitiven Führung. Diese Karte signalisiert Fülle in allen Bereichen des Lebens.

UMGEKEHRTE KARTE

Die umgekehrte Karte kann Überheblichkeit gegenüber dem Erreichten und das Bedürfnis nach ständiger Wertschätzung und Anerkennung ausdrücken. Sie kann auch bedeuten, dass du dich zu sehr den Freuden des Lebens hingibst und dich mäßigen solltest. Wenn du die Fülle in deinem Leben betrachtest, solltest du sie feiern, indem du Dankbarkeit und Großzügigkeit zum Ausdruck bringst.

REFLEXION

→ Was hast du aus eigener Kraft erreicht, das Anerkennung verdient?

ZEHN der KELCHE

Der Höhepunkt emotionaler Erfüllung ist das Tor zum nächsten Abenteuer.

Die Zehn der Kelche ist eine Jubelkarte, die die Energie der Erfüllung in sich trägt und anzeigt, dass du auf dem Höhepunkt der Zufriedenheit stehst. Auf dieser Karte hält sich ein glückliches Paar in den Armen und deutet mit ausgestreckten Armen auf zehn leuchtende Kelche in einem Regenbogen über ihnen. Ihre beiden Kinder tanzen neben ihnen, durch ihre fruchtbare Heimat strömt ein Fluss, und oben auf einem Hügel steht ihr Haus. Dieses Paar hat alles, auch Liebe, eine glückliche Familie und ein sicheres Zuhause. Die beiden sind dankbar für ihr reiches Leben.

BEDEUTUNG DER AUFRECHTEN KARTE

Glück, Erfüllung

BEDEUTUNG DER UMGEKEHRTEN KARTE

Disharmonie

NUMEROLOGIE

10, ein vollständiger Zyklus

ALLGEMEINE DEUTUNG

Emotionale Erfüllung sieht für jeden Menschen in verschiedenen Lebensphasen anders aus. Denk darüber nach, was sie für dich bedeutet. Sie kann sich in einer glücklichen Familie oder in einer wunderbaren Gemeinschaft manifestieren, die sich wie eine Familie anfühlt. Bei dieser Karte geht es darum, ein Maß an Liebe und Erfolg zu erreichen, das dein Leben mit Gelassenheit, Zufriedenheit und Dankbarkeit erfüllt.

LIEBE/PARTNERSCHAFT

Vielleicht führst du bereits eine Beziehung, die auf gegenseitiger Liebe und Respekt beruht, aber nun geht es um gegenseitige Unterstützung, um die nächsten Schritte gemeinsam zu gehen. Das Glück in der Familie oder eine Beziehung mit Kindern könnte jetzt im Vordergrund stehen. Es kann auch sein, dass du dich mit deinem/deiner Expartner*in gut verstehst, wenn ihr euch das Sorgerecht für die Kinder teilt.

BERUF/GELD

Du bist am Arbeitsplatz und zu Hause erfolgreich. Genieße das Gefühl einer glücklichen Work-Life-Balance und nimm jede Unterstützung von deinen Kolleg*innen an, die sich wie die Unterstützung einer Familie anfühlt. Wenn du darauf brennst, ein Unternehmen zu gründen oder dich beruflich positiv zu verändern, dann sei dir sicher, dass du die Unterstützung deiner Familie oder anderer Menschen in deinem Umfeld hast.

PERSÖNLICH/SPIRITUELL

Langwierige Familienangelegenheiten stehen kurz vor der Lösung, oder dir steht ein Familientreffen bevor, das alle näher zusammenbringen wird. Genieße das Gefühl, dich rundum wohlzufühlen, und feiere deinen Erfolg mit Menschen, die wie eine Familie für dich sind. Du bist auf dem besten Weg, ein großes Ziel zu erreichen – im Beruf oder in der Liebe –, du kannst den nächsten Lebensabschnitt mit mehr Gelassenheit angehen.

UMGEKEHRTE KARTE

Die umgekehrte Karte kann auf eine Verzögerung oder ein Hindernis beim Erreichen von Stabilität, bei der Verwirklichung eines großen Ziels oder einer harmonischen Familienbeziehung hinweisen. Es kann sein, dass es zwischen dir und einem/einer Partner*in oder einem Familienmitglied zu Unstimmigkeiten kommt, aber wie bei jeder Umkehrung hast du die Möglichkeit, die Situation zu ändern. Hab Geduld und hör auf dein Herz, um wieder auf den richtigen Weg zu finden.

REFLEXION

→ Was bedeutet für dich emotionale Erfüllung?

BUBE der KELCHE

Der Liebesbote bringt gute Nachrichten; sei offen für neue emotionale Erfahrungen.

Die Buben gelten im Tarot als Boten. Die jugendliche Energie des Buben der Kelche kann für ein Kind oder einen jüngeren Menschen in deinem Leben stehen, oder vielleicht auch für eine Botschaft deines inneren Kindes, das dich auffordert, mehr Spaß zu haben. Der Bube auf dieser Karte trägt eine elegante Blumentunika und einen Chaperon auf dem Kopf. Er hat eine Hand in die Hüfte gestemmt und schaut vergnügt auf den Fisch, der aus dem Kelch in seiner anderen Hand hervorlugt. Zwischen den beiden herrscht ein Hauch von Flirt, Geheimnis und Heiterkeit. Der Bube steht auf der Erde, während hinter ihm das Wasser fließt, was die beiden Elemente Erde und Wasser symbolisiert.

BEDEUTUNG DER AUFRECHTEN KARTE

Liebesbotschaften, Spielfreude, emotionale Intelligenz

BEDEUTUNG DER UMGEKEHRTEN KARTE

Unreife, Überempfindlichkeit

ELEMENTARE SCHLÜSSELKOMBINATION Erde und Wasser. Die Erde steht für die Naturverbundenheit und die Stabilität des Buben, während seine Position in der Farbe der Kelche eine Verbindung zum Wasser herstellt, das wiederum für Liebe und Gefühle steht.

ALLGEMEINE DEUTUNG

Der Bube der Kelche ist in seiner Identität geerdet und zeigt ganz ohne Schamgefühle seine Emotionen. Diese Karte steht für emotionale Intelligenz und für anerkennende Rückmeldungen dafür, dass du deine Gefühle zum Ausdruck bringst. Der Bube könnte eine andere Person repräsentieren, aber auch du könntest der Bube sein. Wie dem auch sei, sei offen für Botschaften von unerwarteter Seite, einschließlich deiner Intuition.

LIEBE/PARTNERSCHAFT

Eine neue Liebe kann sich ankündigen. Wenn du flirtfreudig und romantisch bist, solltest du deine Gefühle mit einem/einer Partner*in teilen. Richte deine Energie darauf, mehr Spaß zu haben, mit kreativen Dates zu experimentieren und neue Aktivitäten mit deinem/deiner Partner*in auszuprobieren.

BERUF/GELD

Am Horizont zeichnet sich eine aufregende neue Gelegenheit ab. Geh es langsam an, aber so, dass du zufrieden bist. Deine Finanzen verbessern sich, und du wirst im Beruf selbstbewusster, auch wenn du dich manchmal noch wie ein Anfänger fühlst. Koste dieses Gefühl aus und genieße die unglaubliche Leichtigkeit, die es mit sich bringt.

PERSÖNLICH/SPIRITUELL

Nimm Kontakt zu deinem inneren Kind auf, indem du deine kreative Seite aktivierst, um dich auszudrücken. Hör auf deine Intuition, wenn du Botschaften oder Inspirationen erhältst, die jetzt in dein Leben kommen. Geh neue kreative Projekte mit der Neugier deines inneren Kindes an. Lern, auch über Kleinigkeiten zu staunen.

UMGEKEHRTE KARTE

Die umgekehrte Karte kann darauf hinweisen, dass es dir schwerfällt, deine Gefühle zu zeigen. Vielleicht nimmst du das Leben zu ernst und gönnst dir keine Zeit für Freude, Spiel oder den gegenwärtigen Moment. Diese Karte kann auch eine sanfte Konfrontation sein, die dich auffordert, mit den Gefühlen anderer sensibler umzugehen. Hast du in letzter Zeit leichtsinnig oder unreif gehandelt oder gemerkt, dass du die Dinge zu persönlich nimmst?

REFLEXION

→ Wie könntest du deinen Alltag abwechslungsreicher und spielerischer gestalten?

RITTER der KELCHE

Die Suche nach Liebe führt schnell zu Ergebnissen, die aber vielleicht nicht von Dauer sind. Geh es langsam an.

Im Tarot werden die Ritter hoch zu Ross dargestellt. Sie kehren von einer edlen Mission zurück, um dir einen elementaren Gegenstand zu überreichen, den du dir gewünscht hast. Der Ritter der Kelche reitet auf einem Schimmel und reicht dir stolz einen kostbaren Kelch. Die Flügel an seinem Helm und an seinen Füßen zeigen die Verbindung des Ritters mit dem Element Luft, während seine Position in der Farbe der Kelche ihn mit dem Wasser verbindet. Das Pferd weist auf die Schnelligkeit hin, mit der der Ritter von seiner Suche zurückkehrt. Luft und Wasser bewegen sich schnell und deuten auf übereilte emotionale Entscheidungen hin, die ohne sorgfältige Überlegung getroffen werden.

BEDEUTUNG DER AUFRECHTEN KARTE
Emotionale Angebote, Schnelligkeit

BEDEUTUNG DER UMGEKEHRTEN KARTE
Perfektionismus, Enttäuschung

ELEMENTARE SCHLÜSSELKOMBINATION Luft und Wasser. Die Luft steht für die Verbindung des Ritters zur Kommunikation und zur geistigen Welt, während seine Position in der Farbe der Kelche ihn mit dem Wasser verbindet, das wiederum für Liebe und Gefühle steht.

ALLGEMEINE DEUTUNG

Überleg dir, welche Beweggründe hinter bestimmten Gesten stecken, auch in Bezug auf dein eigenes Handeln. Tust du etwas nur, um Anerkennung und Aufmerksamkeit zu bekommen? Es ist sehr leicht, sich von Emotionen leiten zu lassen und zum Beispiel jemanden oder etwas zu idealisieren. Wenn du die Dinge langsamer angehst, kannst du einen Menschen oder eine Sache besser durchschauen oder eine Entwicklung entspannter verfolgen.

LIEBE/PARTNERSCHAFT

Die/der ideale Partner*in tritt in dein Leben, aber geh es langsam an und genieße die Romantik. Vielleicht kommt frischer Wind in deine Beziehung, vielleicht erwartet dich sogar ein Heiratsantrag oder eine Liebeserklärung. Du handelst entweder aus romantischen Gefühlen oder du bereitest dich darauf vor.

BERUF/GELD

Angebote, neue Projekte oder herausfordernde Aufgaben begeistern dich wieder für deine Arbeit. Ein/e neue/r Chef*in oder Kolleg*in bietet dir die dringend benötigte Unterstützung. Wenn du das Gefühl hast, zu stagnieren, lass dich inspirieren, wie du deine Arbeit angenehmer gestalten kannst.

PERSÖNLICH/SPIRITUELL

Dich erwartet eine gute Nachricht, die dich in Bezug auf deine Gesundheit optimistisch stimmen wird. Vielleicht hast du eine neue Quelle der Inspiration auf deinem spirituellen Weg entdeckt. Ein Zuwachs in deinem Zuhause sorgt für Begeisterung – vielleicht ein Haustier, ein neues Möbelstück oder ein Mitbewohner.

UMGEKEHRTE KARTE

Die umgekehrte Karte kann auf eine Enttäuschung in einer Beziehung hindeuten, vor allem, wenn sich deine großen Hoffnungen und Erwartungen nicht erfüllt haben. Vielleicht hat sich eine vielversprechende neue Beziehung zu schnell in Luft aufgelöst, oder das Objekt deiner Begierde ist ganz anders, als du auf den ersten Blick gedacht hast. Die umgekehrte Karte kann auch bedeuten, dass du dich zu sehr von deinen Perfektionsansprüchen an dich selbst und an andere leiten lässt. Pass deine Erwartungen an und sei nachsichtig mit den Unzulänglichkeiten anderer – das kann dir helfen, wieder in eine positivere Stimmung zu kommen.

REFLEXION

→ Was treibt dich zur Eile an?

KÖNIGIN der KELCHE

In der Königin der Kelche schwingt die weibliche Energie der Liebe, der Fürsorge und des Schutzes mit.

Im Tarot steht die Königin für die weibliche Energie, die Empfänglichkeit, Kreativität, Fürsorge und Liebe umfasst. Die Königin der Kelche ist sehr gefühlsbetont und trägt das Doppelelement Wasser in sich. Sie hat tiefe Gefühle, spricht aus, was sie fühlt, und trägt ihr Herz auf der Zunge. Die Königin der Kelche sitzt auf einem reich mit Muscheln und kleinen Meerjungfrauen geschmückten Thron, was ihre mütterliche Seite und ihre Gabe, Leben zu schenken, symbolisiert. Der Thron ist von Wasser umgeben, sie ist also ganz in ihrem Element. Ihre goldene Krone weist auf ihre Verbindung zu einem höheren Bewusstsein hin. In ihren Händen hält sie einen Kelch mit Deckel, dessen Inhalt sie intuitiv schützt.

BEDEUTUNG DER AUFRECHTEN KARTE

Fürsorgliche weibliche Energie

BEDEUTUNG DER UMGEKEHRTEN KARTE

Argwohn, emotionale Distanz

ELEMENTARE SCHLÜSSELKOMBINATION Wasser und Wasser. Wasser ist mit der fürsorglichen und liebenden Energie der Königin verbunden, und ihre Position in der Farbe der Kelche bedeutet, dass sie doppelt so viel Gefühl und Liebe zu geben hat.

ALLGEMEINE DEUTUNG

Die Königin der Kelche kann für eine Person in deinem Leben stehen, die diese Eigenschaften verkörpert, einschließlich dir selbst, sie kann aber auch die energetische Präsenz intensiver Gefühle in deinem Leben symbolisieren. Frag dich: Gibt es jemanden, der meine Gefühle beeinflusst hat? Versuchen mir meine Gefühle etwas zu sagen? Wie sorge ich für mich selbst?

LIEBE/PARTNERSCHAFT

Diese Karte könnte für eine wunderbare Romanze mit einem/einer liebevollen, fürsorglichen und einfühlsamen Partner*in stehen. Hab keine Angst vor Verletzlichkeit in deinen Beziehungen, denn sie ist ein Zeichen emotionaler Intelligenz, die zu einer tieferen Verbindung führt. Hör auf dein Herz und achte auf deine Intuition, denn mit dem Vertrauen in dich selbst wächst auch deine Liebe. Die Königin der Kelche steht auch für Mutterschaft, Kinder und Familie.

BERUF/GELD

Wenn du deine Intuition im Beruf einsetzt, eröffnen sich dir neue Möglichkeiten. Sei offen und empfänglich für kreative Anregungen, die auf dich zukommen. Vielleicht bemerkst du einen Zustrom an ermutigender Unterstützung für ein bestimmtes Projekt am Arbeitsplatz. Du bist dabei, etwas zu schaffen, das dir am Herzen liegt, also schütze deine Ideen, während du sie atmen und wachsen lässt.

PERSÖNLICH/SPIRITUELL

Konzentrier dich auf die Entwicklung deiner intuitiven Fähigkeiten. Aktivitäten wie die Traumanalyse und das Führen eines Journals über die Botschaften, die du in deinen Träumen empfängst, helfen dir, mit deinem inneren Selbst in Einklang zu kommen. Verbring so viel Zeit wie möglich mit Menschen, die dich inspirieren, und beschäftige dich mit kreativen Aktivitäten. Verbringe Zeit zu Hause, richte dich neu ein, dekoriere neu, erfülle alles, was du tust, mit Liebe.

UMGEKEHRTE KARTE

Diese Karte kann Eifersucht oder Neid bedeuten – dich selbst oder eine andere Person betreffend, oder dass du misstrauisch oder vorsichtig bist. Sie kann dich auffordern, dich zu öffnen und über deine Gefühle zu sprechen, ohne Angst zu haben, zurückgewiesen oder verurteilt zu werden. Wenn es jemanden gibt, der sich als unzuverlässig erwiesen hat, kann eine Trennung notwendig sein.

REFLEXION

→ Welche Eigenschaften könntest du auf Anraten der Königin der Kelche fördern?

KÖNIG der KELCHE

Der König der Kelche steht für die männliche Energie, die aus Mitgefühl und Liebe handelt.

Im Tarot sind die Könige die Herrscher ihrer Farbe und repräsentieren Stabilität, Autorität und eine gesunde männliche Energie. Der König der Kelche repräsentiert die Elemente Feuer und Wasser, die in Harmonie nebeneinander existieren, ohne sich gegenseitig zu dominieren. Der König sitzt auf einem steinernen Thron, der stabil wirkt, obwohl er auf dem Wasser schwebt. Das Schiff im Hintergrund symbolisiert das Handeln für sich selbst, aber auch für die Menschen an Bord. Es kann durch emotionale Tiefen navigieren, ohne von den Wellen überspült zu werden. Viele Menschen verlassen sich auf den König, und er geht liebevoll, einfühlsam und intuitiv auf ihre Bedürfnisse ein.

BEDEUTUNG DER AUFRECHTEN KARTE

Emotionale Stabilität, Empathie

BEDEUTUNG DER UMGEKEHRTEN KARTE

Unzuverlässigkeit, Grenzenlosigkeit

ELEMENTARE SCHLÜSSELKOMBINATION Feuer und Wasser. Feuer steht für die Verbindung des Königs zum aktiven Handeln und zur Führung, während seine Position in der Farbe der Kelche ihn mit dem Wasser verbindet, das wiederum für Liebe und Gefühle steht.

ALLGEMEINE DEUTUNG

Der König der Kelche kann eine Person verkörpern, die Einfühlungsvermögen, Mitgefühl und emotionale Intelligenz besitzt, ihre Grenzen wahrt und gleichzeitig auf ihre Mitmenschen achtet. Das könntest du sein! Diese Karte kann auch für die Energie einer Situation stehen, in der es darum geht, Grenzen zu setzen und Mitgefühl zu zeigen.

LIEBE/PARTNERSCHAFT

Du bist mit einem/einer stabilen, sensiblen und gefühlsmäßig intelligenten Partner*in gesegnet. Es kann eine Weile dauern, bis ihr euch füreinander öffnet, aber wenn die Mauern erst einmal gefallen sind, kann tiefe Liebe entstehen. Bring die Energie des Mitgefühls, der Empathie und der Unterstützung in deine Beziehung ein, um deine Verbindung zu vertiefen.

BERUF/GELD

Du übernimmst bei der Arbeit eine Führungsrolle oder wirst als Führungskraft angesehen. Vielleicht bringst du Menschen für eine Sache oder ein Ereignis zusammen. Diese Karte zeigt an, dass du bereits eine stabile berufliche Position hast oder dass du eine kluge finanzielle Investitionsmöglichkeit wahrnimmst. Hör auf deine Intuition, statt zu viel zu analysieren oder zu intellektualisieren, und du wirst positive Ergebnisse erzielen.

PERSÖNLICH/SPIRITUELL

Du errichtest starke Grenzen in deinen Beziehungen oder hältst sie aufrecht. In schwierigen Zeiten kannst du dich auf die emotionale Stabilität und Hilfe anderer verlassen. Umgekehrt kann das bedeuten, dass du andere unterstützt und ihnen Orientierung gibst. Zum Beispiel könnten dir andere die Führung in einem kreativen Projekt anvertrauen.

UMGEKEHRTE KARTE

Die umgekehrte Karte kann auf instabile Grenzen oder emotionale Labilität hinweisen, sowohl bei dir selbst als auch in deinem Umfeld. Sei vorsichtig, bei wem du Unterstützung suchst, und sei dir bewusst, dass du dich stattdessen vielleicht mehr auf deine eigenen Kräfte verlassen solltest. Die Karte kann auch bedeuten, dass du an deinen Führungsqualitäten zweifelst, obwohl andere sich deiner Leitung anvertrauen. Es könnte in nächster Zeit zu Missverständnissen kommen, die deine Gefühle verletzen oder dazu führen, dass du dich von jemandem zurückgewiesen fühlst, der sich einfach nicht öffnen kann. Nimm das nicht persönlich.

REFLEXION

→ Wie siehst du dich selbst im König der Kelche?

ASS der MÜNZEN

II

III

IV

VI

VII

VIII

IX

X

BUBE der MÜNZEN

RITTER der MÜNZEN

KÖNIGIN der MÜNZEN

KÖNIG der MÜNZEN

KAPITEL 6

Die kleinen Arkana: Münzen

DIE MÜNZEN REPRÄSENTIEREN das Element Erde und die Erdzeichen im Tierkreis: Stier, Jungfrau und Steinbock. Münzen stehen symbolisch für Geld, den physischen Körper, die Natur, Stabilität und alles, was im Überfluss vorhanden ist. Eine einfache Möglichkeit, sich daran zu erinnern, dass Münzen mit Geld, Gesundheit und Stabilität assoziiert werden, ist die Redewendung »Geld wächst nicht auf Bäumen« oder »sein Auskommen haben«. Die Redewendung »Samen für zukünftiges Wachstum säen« weist auf das Element Erde hin. Oder denk daran, dass das Gefühl von Stabilität im Körper als »geerdet« bezeichnet wird. Für viele ist das Gefühl von Stabilität mit Wohlstand verbunden.

ASS der MÜNZEN

Ein erfolgreicher Neuanfang entfaltet sich für dich. Sei offen für die Geschenke des Universums.

Das Ass der Münzen enthält das Geschenk eines Neuanfangs, der im Element Erde verwurzelt ist. Hier sehen wir die Hand des Göttlichen, die eine goldene Münze mit einem Pentagramm darauf anbietet. Unter der Münze befindet sich ein wunderschöner Garten mit blühenden Blumen, ein Symbol für Fülle und Wohlstand. Hier findest du alles, was du brauchst, um erfolgreich zu sein. Nimm mit, was du brauchst, wenn du dich durch den blumengeschmückten Torbogen in die Welt hinauswagst, im Vertrauen darauf, dass du Samen gelegt hast, die Wurzeln schlagen und dich erden, um alle Herausforderungen des Lebens zu meistern.

BEDEUTUNG DER AUFRECHTEN KARTE

Neuanfang, Fülle

BEDEUTUNG DER UMGEKEHRTEN KARTE

Fülle lässt auf sich warten

NUMEROLOGIE

1, Neuanfang, das Individuum

ALLGEMEINE DEUTUNG

Das Ass der Münzen steht für eine Chance oder ein Geschenk des Universums im materiellen Bereich. Das kann ein neuer Job oder eine unerwartete Finanzspritze sein. Da es bei dieser Karte um Anfänge geht, kann es auch bedeuten, dass du die ersten Schritte zu mehr Wohlstand machst. Diese Veränderung birgt unbegrenztes Wachstumspotenzial, also greif zu und schau, wohin sie dich führt!

LIEBE/PARTNERSCHAFT

Eine neue Liebe tritt in dein Leben oder du befindest dich in der Anfangsphase einer wichtigen Beziehung, die sich stabilisieren und festigen wird. Vielleicht verspürst du den Drang, eine bestehende Beziehung durch eine gemeinsame Entscheidung zu intensivieren, etwa durch den gemeinsamen Kauf eines Hauses. Dies ist eine Zeit zunehmender Fülle und Stabilität in deinem Liebesleben, also entspann dich und genieße die Fülle.

BERUF/GELD

Ein neuer Job, eine Gehaltserhöhung oder eine andere Gelegenheit wird sich bald ergeben, etwa in Form von mehr Gehalt und Sicherheit. Falls du auf der Suche nach einem neuen Büro bist, wirst du geeignete Immobilien oder Grundstücke finden. Du bist bereit, einen neuen Karriereweg einzuschlagen, der dir mehr Stabilität und Wohlstand bringen wird.

PERSÖNLICH/SPIRITUELL

Du beschreitest einen neuen Weg der Selbstfürsorge und des Wohlbefindens, der sich positiv auf deine Gesundheit auswirkt. Dich erwartet ein Zuwachs an Stabilität und Wohlstand, etwa durch eine Erbschaft oder ein großzügiges Geschenk.

UMGEKEHRTE KARTE

Die umgekehrte Karte weist auf eine Chance hin, die du nicht erkennst. Vielleicht, weil du zu sehr versuchst, etwas zum Laufen zu bringen, oder weil du die falsche Richtung eingeschlagen hast. Das Universum bittet dich, dein Bedürfnis nach Kontrolle loszulassen. Öffne dich der göttlichen Führung. Vielleicht erkennst du nicht, was direkt vor dir liegt, weil es nicht deinen Vorstellungen entspricht.

REFLEXION

→ Welches Geschenk macht dir das Ass der Münzen?

ZWEI *der* MÜNZEN

Finde das Gleichgewicht, indem du dich auf das Wesentliche konzentrierst.

In deiner persönlichen Entwicklung bist du jetzt an einem Punkt angelangt, an dem du wichtige Veränderungen in dein Leben integrieren und das Gleichgewicht herstellen kannst, auf das die Karte Zwei der Münzen hinweist. Die Figur auf dieser Karte hält zwei Münzen, die durch das Symbol der Unendlichkeit miteinander verbunden sind, was bedeutet, dass sie sich gegenseitig beeinflussen. Die Figur balanciert auf einem Bein und versucht, die beiden Energien auszugleichen. Hinter ihr kreuzen zwei Schiffe durch das bewegte Wasser, was den Kampf um Stabilität inmitten emotionaler Umbrüche symbolisiert.

BEDEUTUNG DER AUFRECHTEN KARTE

Gleichgewicht, Stabilität

BEDEUTUNG DER UMGEKEHRTEN KARTE

Anspannung, Verantwortungslosigkeit

NUMEROLOGIE

2, Harmonie, Gleichgewicht

ALLGEMEINE DEUTUNG

Es kann schwierig sein, deinen Terminkalender und deine persönlichen Verpflichtungen unter einen Hut zu bringen. Bleibe mit deinen Gefühlen im Fluss anstatt dich von ihnen aus dem Gleichgewicht bringen zu lassen. Jeder Versuch, dein Leben zu verbessern, führt dazu, dass du deine Routine und deine Komfortzone für kurze Zeit verlässt. Das ist normal und gehört zum Wachstum dazu, aber bleibe achtsam. Nimm dir nur so viel vor, wie du auch bewältigen kannst, und hol dir Hilfe, wenn du überfordert bist.

LIEBE/PARTNERSCHAFT

Wenn die Liebe schön ist, kann die Balance zwischen der Beziehung und dem eigenen Zeitplan aus dem Gleichgewicht geraten. Genieße deine Romanze, aber achte darauf, dass du dir auch Zeit für andere Dinge nimmst. Vielleicht musst du dich bald zwischen zwei Beziehungen entscheiden. Oder vernachlässigst du deine Verpflichtungen, weil du mit mehreren Partner*innen jonglierst? Bemüh dich um ein ausgewogenes Liebesleben.

BERUF/GELD

Widme deine Energie der Verwaltung deiner Finanzen oder dem Ausgleich deines Budgets, um dein Vermögen zu maximieren. Möglicherweise musst du dich zwischen deinem derzeitigen Job und deinem Nebenjob oder einem Herzensprojekt entscheiden. Achte auf ein ausgewogenes Verhältnis zwischen Arbeit und Freizeit.

PERSÖNLICH/SPIRITUELL

Vielleicht fällt es dir schwer, dein Privatleben und deine Arbeit unter einen Hut zu bringen. Die Entscheidung zwischen dem, was dir am Herzen liegt, und dem, was du deiner Meinung nach tun solltest, kann sehr schwierig sein. Vertrau darauf, dass du alle Aspekte deines Lebens meistern wirst, trotz Herausforderungen.

UMGEKEHRTE KARTE

Die umgekehrte Karte kann auf Spannungen in deinem Leben hinweisen, die dir das Gefühl von Unausgeglichenheit und Unsicherheit vermitteln. Sie kann bedeuten, dass du nicht verantwortungsvoll mit deinem Geld umgehst oder dass du Geld zum Fenster rauswirfst, obwohl du sparen solltest. Solche Schwierigkeiten sind vorüber, und das Gleichgewicht lässt sich leicht wiederherstellen, sobald du erkennst, wo du vom Weg abgekommen bist, und kleine Schritte unternimmst, um wieder ins Gleichgewicht zu kommen.

REFLEXION

→ An welchem Punkt in deinem Leben brauchst du mehr Balance?

DREI *der* MÜNZEN

Neue Türen öffnen sich für dich. Nutz selbstbewusst deine Chancen für eine erfolgreiche Weiterentwicklung.

Du hast bereits daran gearbeitet, dein Leben ins Gleichgewicht zu bringen, und bist nun bereit für die weitreichenden Möglichkeiten, die dir die Drei der Münzen bietet. Hier sehen wir drei Personen, die gemeinsam an einem Plan arbeiten, der ihr Leben zum Besseren verändern wird. Der Mann auf der Bank ist der Handwerker; er verfügt über wertvolles Wissen und steht selbstbewusst über den beiden anderen, denen er seine Ideen erklärt. Drei Münzen, die den Torbogen zieren, sind ein Zeichen dafür, dass diese gemeinsame Arbeit stabil und dauerhaft ist.

BEDEUTUNG DER AUFRECHTEN KARTE

Erfolg, neue Türen öffnen sich

BEDEUTUNG DER UMGEKEHRTEN KARTE

Burn-out, mangelndes Selbstvertrauen

NUMEROLOGIE

3, Zusammenarbeit, Entwicklung

ALLGEMEINE DEUTUNG

Die Drei der Münzen bittet dich, deine Ideen vertrauensvoll zu teilen und Projekte und Arbeiten anzunehmen, die dich begeistern. Deine Arbeit wird nicht nur bei anderen gut ankommen, sondern dir auch neue Möglichkeiten eröffnen. Dies ist die nächste Stufe des Wohlstands, auf die du gewartet hast, also zweifle nicht an deinen Fähigkeiten und Fertigkeiten. Du hast alles, was du brauchst, um deinen Traum von einer erfolgreichen Zukunft zu verwirklichen.

LIEBE/PARTNERSCHAFT

Geh hinaus in die Welt, auch wenn du schüchtern bist. Verbring Zeit mit Menschen, die dich inspirieren und motivieren, denn über deine Freunde kann sich eine Liebesbeziehung entwickeln. Bestehende Beziehungen wachsen und gedeihen mit größeren gemeinsamen Projekten, sei es im kreativen oder im privaten Bereich.

BERUF/GELD

Dein Beruf wird dir bald neue Möglichkeiten eröffnen. Bewirb dich für den Job, auch wenn du Angst hast, lass die Leute wissen, dass du zur Verfügung stehst, oder unternimm Schritte, um dein eigenes Unternehmen zu gründen. Jetzt ist die Zeit für dich gekommen, um zu glänzen.

PERSÖNLICH/SPIRITUELL

Ein gestärktes Selbstvertrauen trotz aller Ängste lässt dich in vielerlei Hinsicht wachsen und bringt dich weiter. Vielleicht kannst du deine Fähigkeiten als Redner*in steigern oder aktives Mitglied in einer Organisation werden. Du kannst dich in deinem Fachgebiet profilieren und deinen Zuhörerkreis vergrößern, das bringt dich weiter.

UMGEKEHRTE KARTE

Die umgekehrte Karte kann auf einen Mangel an Selbstvertrauen oder eine übertriebene Angst vor Erfolg in deiner Arbeit anzeigen. Es ist an der Zeit, deine Komfortzone zu verlassen, wenn es dir mit deinem Wachstum ernst ist. Vielleicht bist du auch von der Arbeit ausgebrannt, aber es schadet deiner Karriere nicht, etwas zu verschnaufen. Dadurch gewinnst du neue Energie, also setz dich nicht zu sehr unter Druck.

REFLEXION

→ Wie würde sich dein Leben anfühlen, wenn du mehr Risiken eingehen und dir erlauben würdest, größere Träume zu verwirklichen?

VIER der MÜNZEN

Du kannst dich noch so sehr an die materielle Welt klammern – dein Bedürfnis nach Sicherheit wird dadurch nicht befriedigt.

Um dich herum öffnen sich die Tore des Überflusses, aber jetzt musst du deine Beziehung zu Geld, Ressourcen und Stabilität neu bewerten. Auf der Karte der Vier der Münzen sehen wir einen König auf seinem Thron, umgeben von Überfluss. Obwohl er alles hat, was er braucht, scheint er unsicher zu sein, ob sein Glück von Dauer sein wird. Eine Münze liegt auf seiner Krone, was bedeutet, dass er ständig an Geld denkt, während er eine andere Münze an sein Herz drückt, was darauf hinweist, dass er emotional mit seinem Reichtum verbunden ist. Die beiden Münzen unter seinen Füßen signalisieren, dass sein Gefühl von Stabilität mit seinem Reichtum verbunden ist. Wenn man sich so sehr darauf konzentriert, Stabilität in Form von materiellen Dingen zu sehen, bleibt wenig Raum, um noch mehr Fülle durch Großzügigkeit und Offenheit für die unbegrenzten schöpferischen Kräfte des Universums zu schaffen.

BEDEUTUNG DER AUFRECHTEN KARTE

Stabilität aufbauen, Ressourcen schonen

BEDEUTUNG DER UMGEKEHRTEN KARTE

Materialismus, Kontrolle

NUMEROLOGIE

4, Struktur, Stabilität schaffen

ALLGEMEINE DEUTUNG

Finanzielle Sicherheit ist für alle Menschen wichtig, doch wenn man einen gewissen Komfort erreicht hat, konzentriert man sich zu sehr auf die Erhaltung des Erreichten und verliert dadurch das mögliche Wachstum aus den Augen. Die Vier der Münzen bittet dich, zu erkennen, dass deine Situation stabil und sicher ist, und erinnert dich daran, dass du immer haben wirst, was du brauchst. Bewahre, was du dir erarbeitet hast, ohne dich neuen Wegen zur Fülle zu verschließen. Du hast Stabilität geschaffen oder bist dabei, sie zu schaffen, also zolle dir selbst Anerkennung für deine harte Arbeit.

LIEBE/PARTNERSCHAFT

Du oder dein/e Partner*in wartet, bis sich eure Beziehung gefestigt hat, bevor ihr eine ernsthafte Verpflichtung eingeht, wie den Kauf eines Verlobungsrings, den Erwerb einer Immobilie oder die Gründung einer Familie. Sorgfältige Planung ist zwar nichts Aufregendes, aber du brauchst ein Gefühl der Stabilität, bevor du die nächsten Schritte wagst.

BERUF/GELD

Finanzielle Sicherheit ist dir wichtiger als Interesse oder Kreativität. Du hast dich dafür entschieden, eine traditionelle Rolle einzunehmen oder konservativ mit deinem Geld und deinen Investitionen umzugehen. In deiner jetzigen Position wartest du eher auf handfeste Beweise als auf intuitive Führung in geschäftlichen Angelegenheiten.

PERSÖNLICH/SPIRITUELL

Du hast viele Gaben, also konzentrier dich nicht nur auf Geldangelegenheiten, um dich sicher zu fühlen. Wenn du für die Zukunft oder für ein bestimmtes Ziel sparst, gehst du konservativ mit deinen Ressourcen um. Diese Karte erinnert dich daran, großzügig zu sein, denn wenn du anderen etwas gibst, bringt das mehr Wohlstand in dein eigenes Leben.

UMGEKEHRTE KARTE

Die umgekehrte Karte kann bedeuten, dass du dich zu sehr auf die materielle Seite des Lebens konzentrierst. Emotionale und mentale Stabilität sind genauso wichtig wie materielle Sicherheit, auch wenn sie sich nicht auf deinem Bankkonto widerspiegelt. Die Anhäufung von Reichtum und Besitz heilt deine Unsicherheit nicht. Es ist an der Zeit, nach innen zu schauen. Diese Karte kann auch bedeuten, dass du in allen Bereichen zu viel Kontrolle ausübst und dich entspannen solltest. Folge deiner Intuition: Was sagt dir dein Bauchgefühl, um wieder ins Gleichgewicht zu kommen?

REFLEXION

→ An welche Ressourcen klammerst du dich am ehesten?

FÜNF *der* MÜNZEN

Die Konzentration auf deine Ängste zieht keine Fülle in dein Leben. Fokussiere dich auf das Gefühl der Fülle und beobachte, wie es dein Leben verändert.

Die Fünf der Münzen lädt dich ein, dein Vertrauen in die Fülle, die das Universum dir auch in schwierigen Zeiten schenkt, zu hinterfragen. Die beiden Personen, die hier mühsam durch den Schnee stapfen, wirken arm und hungrig. Sie kommen an einem leuchtenden Kirchenfenster mit dem Motiv der fünf goldenen Münzen vorbei. Dieser spirituelle Zufluchtsort bietet Wärme und fürsorgliche Zuwendung, doch die beiden fühlen sich dieser Nächstenliebe nicht würdig und sind entschlossen, hartnäckig ihrem weiteren Untergang entgegenzugehen.

BEDEUTUNG DER AUFRECHTEN KARTE

Mangeldenken, Gefühl der körperlichen oder finanziellen Erschöpfung

BEDEUTUNG DER UMGEKEHRTEN KARTE

Herausforderungen meistern

NUMEROLOGIE

5, Herausforderung, Schwierigkeiten

ALLGEMEINE DEUTUNG

Die Fünf der Münzen weist auf Gefühle des Mangels und des Verlustes sowie auf die Angst vor Mangel hin. Diese Gefühle können durch den Verlust des Arbeitsplatzes oder durch eine Reihe von Umständen ausgelöst worden sein, die zu einem Mangel an Ressourcen geführt haben. Wenn man sich zu sehr auf das konzentriert, was einem fehlt, kann es sogar schwierig sein, Hilfe in der Nähe zu sehen. Fülle entsteht in dir, wenn du deine Einstellung änderst, etwas sehen zu müssen, um es zu glauben, anstatt daran zu glauben, bevor du es siehst. Dein Selbstvertrauen, gepaart mit dem Glauben an das Göttliche, lässt dich jedes Gefühl von Verlust überwinden.

LIEBE/PARTNERSCHAFT

Der Verlust einer Beziehung ist destabilisierend, und das kann es schwierig machen, sich zu öffnen und einem/einer neuen Partner*in zu vertrauen. Aber um die Liebe in ihrer ganzen Fülle zu erfahren, muss man die Angst vor der Unbeständigkeit überwinden. Eine Beziehung, die auf wackeligen Beinen steht, kann Ängste und Zweifel in dir auslösen, aber du musst darauf vertrauen, dass es eine Lösung gibt, auch wenn es das Ende der Beziehung bedeutet.

BERUF/GELD

Du hast Angst vor dem Verlust deines Arbeitsplatzes oder finanzieller Instabilität. Diese Karte kann dafür stehen oder für etwas weniger Konkretes, aber egal, was es ist, deine Handlungen führen dich zu etwas Besserem. Hab Vertrauen in das, was kommt, auch wenn du dich im Moment unwohl fühlst. Du wirst bekommen, was du brauchst.

PERSÖNLICH/SPIRITUELL

Verlagere deinen Fokus von der materiellen auf die spirituelle Welt, um Ängste in Bezug auf Stabilität und Ressourcen in den Griff zu bekommen. Wenn du um göttliche Führung bittest, werden kreative Lösungen auftauchen. In deinem Leben könnten sich derzeit gesundheitliche Probleme abzeichnen, aber konzentrier dich auf die Heilung, nicht auf das Leiden.

UMGEKEHRTE KARTE

Vielleicht hast du deine finanziellen Probleme hinter dir gelassen, befürchtest aber immer noch, wieder in Schwierigkeiten zu geraten. Wenn du dich dafür entscheidest, darauf zu vertrauen, dass sich deine Situation ändern wird, wird dir das die Kraft geben, die du brauchst, um Gefühle von Mangel und Verlust loszulassen.

REFLEXION

→ Wie gehst du mit Mangelgefühlen um?

SECHS *der* MÜNZEN

Geben und Nehmen öffnet den Fluss der Fülle in deinem Leben. Gib immer das, was du empfangen möchtest.

Die Sechs der Münzen steht für Großzügigkeit und fairen Austausch. Auf dieser Karte bietet ein reicher Mann denen, die vor ihm knien, Münzen an. Er hält eine Waage in der Hand, um sie daran zu erinnern, dass Gleichheit wichtig ist und dass man das, was man hat, mit anderen teilen muss, die weniger haben. Bei dieser Karte geht es sowohl um großzügiges Geben als auch um dankbares Nehmen. Uneigennützige und aufrichtige Unterstützung zeichnen diese Karte aus.

BEDEUTUNG DER AUFRECHTEN KARTE

Großzügigkeit, Ressourcen teilen

BEDEUTUNG DER UMGEKEHRTEN KARTE

Großzügigkeit unter bestimmten Bedingungen, Ungleichheit

NUMEROLOGIE

6, Harmonie, Großzügigkeit

ALLGEMEINE DEUTUNG

Die Sechs der Münzen fragt nach dem Verhältnis von Geben und Nehmen. Geben belohnt dich mit dem guten Gefühl, das mit Großzügigkeit einhergeht. Nehmen dagegen gibt dir manchmal das Gefühl, dass du es nicht wert bist oder nicht verdienst, vor allem, wenn du selbst nichts zu geben hast. Du brauchst dich nicht verpflichtet zu fühlen, der Person, von der du etwas erhalten hast, etwas zurückzugeben, denn sie ist bereits zufrieden mit dem, was du ihr gegeben hast. Erinnere dich stattdessen an diese Momente der Freundlichkeit und gib anderen, wenn sich die Gelegenheit dazu bietet. Je mehr du dich mit dem Empfangen anfreundest, desto mehr Fülle wird in dein Leben fließen.

LIEBE/PARTNERSCHAFT

Du hast eine Beziehung, die auf echter Fürsorge und gleichberechtigtem Geben und Nehmen beruht, oder bist auf dem Weg dahin. Ein/e großzügige/r Partner*in oder ein Geschenk kommt auf dich zu, also sei offen, es zu empfangen. Jetzt ist die perfekte Zeit, um zu teilen und eine tiefe Beziehung aufzubauen.

BERUF/GELD

Ein großzügiges Angebot, ein Geldsegen oder eine üppige Investitionsrendite kündigt sich an. Du bekommst zurück, was du in ein Projekt gesteckt hast, und fühlst dich großartig dabei. Halte die Augen offen nach einer Gehaltserhöhung oder Beförderung, aber denk auch daran, jemandem zu helfen, der Hilfe oder finanzielle Unterstützung braucht.

PERSÖNLICH/SPIRITUELL

Du erhältst eine Erbschaft oder ein unerwartetes Geschenk, oder du denkst darüber nach, etwas für einen wohltätigen Zweck oder eine bedürftige Person zu spenden. Du könntest Kleidung oder Möbel an Bedürftige verschenken, denn das schafft Raum, um von anderer Seite wieder etwas zu empfangen.

UMGEKEHRTE KARTE

Die umgekehrte Karte kann eine Warnung vor großzügigem Handeln sein, an das viele Bedingungen geknüpft sind, oder warnt dich, auf die damit verbundenen Absichten zu achten. Vielleicht erwartest du beim Geben eine Gegenleistung und wirst dann enttäuscht. Versuch, deine Zeit, Energie und Ressourcen an Menschen oder Situationen zu geben, bei denen du als einzige Belohnung die Freude am Helfen erwarten kannst.

REFLEXION

→ Wie kannst du heute mehr geben?

SIEBEN *der* MÜNZEN

Bevor du die Früchte deiner Arbeit ernten kannst, musst du dein Feld bestellen, denn du weißt, dass es fruchtbar ist und dich lange ernähren wird.

Diese Karte fordert von dir Geduld, während du kleine Schritte unternimmst, um deine Projekte voranzubringen. Die Sieben der Münzen zeigt an, dass eine Aufgabe, eine Idee oder eine Beziehung noch nicht ganz ausgereift ist. Der Mann auf dieser Karte stützt sich auf seine Hacke und betrachtet seine Münzpflanze. Er hat sie lange gepflegt, damit sie reiche Frucht bringt. Er hält inne und erkennt, dass er sein Ziel noch nicht erreicht hat. Deshalb ist er eher frustriert als stolz auf das bisher Erreichte. Das Innehalten gibt ihm die Kraft, sich neu zu fokussieren und wieder an die Arbeit zu gehen. Er weiß selbst am besten, dass die schönen Münzen nicht schneller wachsen, wenn man sie anstarrt.

BEDEUTUNG DER AUFRECHTEN KARTE

Wachstum, Geduld

BEDEUTUNG DER UMGEKEHRTEN KARTE

Ungeduld, Zaudern

NUMEROLOGIE

7, Planung, Nachdenken

ALLGEMEINE DEUTUNG

Du bist deinem Ziel so nah! Aber leider ist es noch nicht an der Zeit, zu feiern. Wenn du innehältst und deine bisherigen Ergebnisse betrachtest, dann tu dies mit Dankbarkeit und nicht mit Frustration. Erinnere dich daran, dass der Weg zum Ziel ein Abenteuer ist und nicht das Ziel selbst. Wie kannst du mehr Freude an deiner Arbeit haben? Vertrau darauf, dass du die Früchte deiner Arbeit zur rechten Zeit ernten wirst.

LIEBE/PARTNERSCHAFT

Vielleicht hast du es eilig, einen bestimmten Meilenstein in deiner Beziehung zu erreichen, aber versuch, das Tempo zu verlangsamen und zu genießen, was jetzt ist. Das Universum wird dir die richtige Beziehung zur richtigen Zeit schenken. Sei geduldig und arbeite weiter daran, für dich selbst zu sorgen.

BERUF/GELD

Vielleicht bist du enttäuscht über den Stand deiner Karriere und denkst, dass du schon viel weiter sein solltest, aber das ist Teil des Prozesses. Glaub daran, dass du deine Ziele mit Ausdauer erreichst. Sei geduldig und arbeite weiter hart.

PERSÖNLICH/SPIRITUELL

Die Früchte deiner Arbeit liegen in greifbarer Nähe, also gib jetzt nicht auf! Deine tägliche Selbstfürsorge oder spirituelle Routine führt langsam zu den Veränderungen, die du dir erhofft hast. Bewahre dir deine positive Einstellung und sei dankbar für die kleinen Versprechen, die du dir selbst gibst, denn sie summieren sich mit der Zeit.

UMGEKEHRTE KARTE

Die umgekehrte Karte kann bedeuten, dass du nicht mit genügend Überzeugung auf deine Ziele hingearbeitet hast und frustriert und ungeduldig wirst. Sie kann auch anzeigen, dass Aufschieberitis der Hauptgrund dafür ist, dass du noch nicht die erhofften Ergebnisse erzielt hast. Überwinde deine inneren Widerstände, indem du deinen Aktionsplan überprüfst und überarbeitest. Vielleicht musst du dein Ziel nur ein wenig anpassen, um wieder auf Kurs zu kommen.

REFLEXION

→ Was reift in der Sieben der Münzen, das noch geerntet werden muss?

ACHT der MÜNZEN

Die einzige Möglichkeit, etwas zu beherrschen, besteht darin, es ständig zu üben. Deine Fähigkeiten sind es wert, entwickelt zu werden.

In der Acht der Münzen geht es darum, das gewählte Handwerk zu beherrschen. Der junge Mann auf dieser Karte arbeitet hart daran, seine Fähigkeiten zu verfeinern. Er weiß, dass Erfolg eine Kombination aus Ausbildung und praktischer Anwendung ist. Um beides kommt er nicht herum, wenn er den finanziellen Lohn für seine Bemühungen ernten will. Er macht diese Arbeit gern, da er an sich selbst glaubt und keine Probleme damit hat, Tag für Tag die gleichen Aufgaben zu erledigen. In seinem Herzen weiß er, dass er auf die Meisterschaft hinarbeitet.

BEDEUTUNG DER AUFRECHTEN KARTE

Harte Arbeit, Produktivität

BEDEUTUNG DER UMGEKEHRTEN KARTE

Burn-out, Überforderung, Geringschätzung

NUMEROLOGIE

8, Bewegung, Übergang

ALLGEMEINE DEUTUNG

Die Acht der Münzen erinnert dich daran, dass du, wenn du tust, was du liebst, auch lieben wirst, was du tust. Finanzieller Erfolg und Sicherheit sind das Ergebnis deiner harten Arbeit und deines Einsatzes, und du entscheidest, wie erfolgreich du sein wirst. Wenn du hart gearbeitet hast, um etwas Neues zu lernen oder in deinem jetzigen Bereich voranzukommen, werden deine Bemühungen nicht unbemerkt bleiben. Mach weiter so!

LIEBE/PARTNERSCHAFT

Diese Karte ist nicht sehr attraktiv, aber sie zeigt an, dass einer von euch beiden eine stabile Grundlage für eure Beziehung und eine mögliche Familie schaffen möchte. Der Workaholic in eurer Partnerschaft möchte alles für eine sichere Zukunft tun. Nimm dir Zeit für Spiel und Spaß, wenn du diese Person bist!

BERUF/GELD

Deine Leistungsbereitschaft beschert dir finanziellen Wohlstand. Wenn du diesen Weg weiterverfolgst, wirst du auf der Erfolgsleiter nach oben klettern, entweder innerhalb eines Unternehmens oder indem du dein eigenes Unternehmen aufbaust. Das Erlernen und Beherrschen einer neuen Kompetenz wird dein Einkommen erhöhen, weil du nun die Möglichkeit hast, den Beruf zu wechseln oder dir ein zusätzliches Einkommen zu erschließen.

PERSÖNLICH/SPIRITUELL

Das, was du gelernt oder praktiziert hast, wird zur Fülle führen. Die Weiterentwicklung deiner spirituellen Praxis kann dich zu einer Tätigkeit im Bereich der Heilarbeit führen. Vertrau darauf, dass du alles tun kannst, was du dir vornimmst, und dass du durch fleißige Arbeit, die dir Spaß macht, Erfolg haben wirst.

UMGEKEHRTE KARTE

Die umgekehrte Karte kann darauf hindeuten, dass du dich ausgebrannt fühlst. Vielleicht denkst du darüber nach, deinen Job aufzugeben, oder du bist unsicher, was deinen Karriereweg angeht. Hast du das Gefühl, dass du trotz deiner harten Arbeit nichts erreichst, was deinem Leben Sinn verleiht? Sei bei der Beantwortung dieser schwierigen Frage ehrlich zu dir selbst und denk daran, dass es nie zu spät ist, neu anzufangen!

REFLEXION

→ Für welches Herzensprojekt steht die Acht der Münzen bei dir?

NEUN *der* MÜNZEN

Genieße deinen Wohlstand und sei dankbar für alles, was du erreicht hast.

Die Neun der Münzen bittet dich, zu entspannen und die angenehme Umgebung zu genießen, die du dir geschaffen hast. Eine Frau in einem wallenden, mit Blumen verzierten Gewand (das an das Kleid der Herrscherin erinnert), steht in ihrem blühenden Garten. Sie weiß, wie man die Energien der Fülle empfängt, und sie tut auch etwas dafür, indem sie ihr Haus in Ordnung hält. Auf ihrem Handschuh sitzt ein Falke, ein Symbol für ihre Intuition, den Wohlstand zu genießen, ohne dem Materialismus zu verfallen.

BEDEUTUNG DER AUFRECHTEN KARTE

Erfolg, Vergnügen

BEDEUTUNG DER UMGEKEHRTEN KARTE

Materialismus, mangelnde Wertschätzung

NUMEROLOGIE

9, Höhepunkt, Abgeschiedenheit

ALLGEMEINE DEUTUNG

Die Neun der Münzen symbolisiert eine Zeit des Vergnügens und der Sicherheit. Du hast hart gearbeitet, intelligente Entscheidungen für dein Vermögen getroffen und klug investiert. Du schätzt auch Wohltätigkeit und Großzügigkeit und teilst deinen Reichtum mit anderen. Es ist an der Zeit, die Welt zu genießen, die du dir so sorgfältig aufgebaut hast. Es gibt keinen Grund, sich über Mangel Sorgen zu machen, denn du hast alles, was du brauchst. Mach ruhig einen Urlaub oder kauf dir etwas Schönes, du hast es dir verdient.

LIEBE/PARTNERSCHAFT

Konzentrier dich auf dein eigenes Vergnügen, ohne dich schuldig zu fühlen. Wenn du Single bist, dann hast du gut daran getan, dich selbst zu lieben, aber du weißt auch, dass du jemanden finden kannst, der deine Werte teilt und ein/e solide/r Partner*in sein wird. Tu etwas Besonderes für dich selbst, statt darauf zu warten, dass ein/e andere/r den ersten Schritt macht. Das Gefühl für deinen Wert kommt von dir selbst.

BERUF/GELD

Du bist finanziell abgesichert, also entspann dich und genieße das, was du erreicht hast. Leg eine Pause ein, wenn du zu viel gearbeitet hast, denn Ruhe und Entspannung tun dir gut. Die Arbeit kann warten! Nach einem wohlverdienten Urlaub hast du immer im Überfluss.

PERSÖNLICH/SPIRITUELL

Du hast deine Energie darauf verwendet, dein Zuhause persönlicher und gemütlicher zu gestalten, indem du es umdekoriert oder renoviert hast. Oder du hast Urlaub gemacht und dich entspannt. Konzentrier dich auf das, was dir den meisten Frieden bringt; Genuss verjüngt deinen Geist.

UMGEKEHRTE KARTE

Die umgekehrte Karte kann dich sanft daran erinnern, dass du zu viel Geld ausgibst oder zu materialistischem Denken neigst. Wenn das auf dich zutrifft, solltest du deine Ausgaben und dein nicht nachhaltiges finanzielles Verhalten einschränken. Es könnte auch ein Zeichen dafür sein, dass du zu viel arbeitest und zu wenig Freizeit hast, was ein weiterer nicht nachhaltiger Lebensstil ist. Hör auf deine Intuition, um herauszufinden, welcher Bereich bei dir aus dem Gleichgewicht geraten ist.

REFLEXION

→ Worauf bist du am meisten stolz?

ZEHN *der* MÜNZEN

Der Höhepunkt des Wohlstands ist erreicht. Nun kannst du mit den Menschen, die du liebst, etwas Neues aus diesem Überfluss schaffen.

Die Zehn der Münzen, eine Karte des geteilten Reichtums und des Überflusses, zeigt drei Generationen einer Familie, die sich im Garten ihres Anwesens vergnügen. Die Familie ist von zehn Münzen umgeben, die anzeigen, dass sie sich keine Sorgen um finanzielle Angelegenheiten machen muss. Die beiden Hunde stehen symbolisch für Treue, während die Darstellung von Kindern, Erwachsenen und einem alten Mann den Reifeprozess im Laufe des Lebens verdeutlicht.

BEDEUTUNG DER AUFRECHTEN KARTE

Reichtum, Familie, Erbe

BEDEUTUNG DER UMGEKEHRTEN KARTE

Verlust, Bruch mit der Tradition

NUMEROLOGIE

10, vollständiger Zyklus

ALLGEMEINE DEUTUNG

Die Zehn der Münzen steht für die Liebe der Menschen, die dich in deinem Leben am meisten unterstützen, auch wenn es nicht deine Herkunftsfamilie ist. Konzentrier dich darauf, Zeit mit den Menschen zu verbringen, die du liebst, und bau ein finanzielles Netzwerk auf, um Bedürftige großzügig zu unterstützen. Vielleicht durch eine Erbschaft oder indem du Geld zur Seite legst, das später deinen Kindern, älteren Verwandten oder deinem/deiner Partner*in zugutekommt. Genieße die Gegenwart und sorg gleichzeitig für eine glückliche Zukunft vor.

LIEBE/PARTNERSCHAFT

Du bist entweder in einer Beziehung oder gehst eine Beziehung mit jemandem ein, die langfristiges Potenzial hat, einschließlich Heirat, Anschaffung eines Hauses, Gründung einer Familie und ein gemeinsames Leben im Alter. Diese Karte zeigt an, dass du traditionelle Werte, Ressourcen und Großzügigkeit in einer Beziehung anstrebst. Nun ist ein guter Zeitpunkt, um deinen liebsten Menschen deine/n Partner*in vorzustellen.

BERUF/GELD

Du erwägst, ein Familienunternehmen zu gründen oder in ein solches einzusteigen, und du hast die Unterstützung deiner Familie und reichlich Ressourcen. Vielleicht gehst du eine Partnerschaft mit engen Freunden ein. Dir werden Großzügigkeit und Unterstützung entgegengebracht, oder du bietest diese Dinge jemand anderem am Arbeitsplatz an.

PERSÖNLICH/SPIRITUELL

Du kaufst ein Haus oder erbst Eigentum oder Geld. Du erfährst Großzügigkeit von deiner Familie oder wichtigen Mitgliedern deines sozialen Umfeldes. Du bekommst viel Liebe und Unterstützung, um deine Träume zu verwirklichen, vor allem, wenn du dir Rat von Menschen holst, die du respektierst und die älter und weiser sind.

UMGEKEHRTE KARTE

Die umgekehrte Karte kann für eine schwierige Zeit innerhalb der Familie stehen. Du fühlst dich vielleicht durch die Erwartungen deiner Eltern, Geschwister oder deiner Partnerin oder deines Partners eingeengt und möchtest ausbrechen. Konflikte über Eigentum oder Streitigkeiten zu Hause sind möglich. Die umgekehrte Karte kann Ausdruck der Angst sein, den nächsten Schritt zu wagen, wenn du es dir einmal bequem gemacht hast, obwohl deine Intuition dir sagt, dass es Zeit für eine Veränderung ist.

REFLEXION

→ Was ist für dich der ultimative materielle Erfolg?

BUBE der MÜNZEN

Der Bote des Wohlstands überbringt gute Nachrichten in Bezug auf Sicherheit. Bleib geerdet und agiere mit Freude

Als einer der Boten des Tarots steht der Bube der Münzen für jugendliche Energie und kann ein Kind, einen jüngeren Menschen in deinem Leben oder eine Botschaft deines inneren Kindes repräsentieren, das dich auffordert, die Saat für zukünftigen Wohlstand zu legen. Dieser Bube steht auf einem fruchtbaren Feld und blickt stolz auf die Münze in seinen Händen. Seine grüne Tunika und die Natur um ihn herum weisen auf seine Verbundenheit mit der Erde hin, während seine Augen auf das Pentagramm gerichtet sind, was zeigt, dass er eine Vision verfolgt und auf seine Ziele fokussiert ist.

BEDEUTUNG DER AUFRECHTEN KARTE

Manifestation, solider Anfang

BEDEUTUNG DER UMGEKEHRTEN KARTE

Prokrastination, Planlosigkeit

ELEMENTARE SCHLÜSSELKOMBINATION Erde und Erde. Die Erde steht für die Naturverbundenheit und die Stabilität des Buben. Auch seine Position in der Farbe der Münzen verbindet ihn mit der Erde, sodass dieser Bube doppelt pragmatisch und bodenständig ist.

ALLGEMEINE DEUTUNG

Der Bube der Münzen kann für einen Anfänger stehen oder für jemanden, der daran arbeitet, sich an einem neuen Ort oder in einem neuen Beruf zu etablieren. Diese Karte kann die Anfangsphase eines Projekts oder den Beginn eines neuen Weges darstellen. Du verfolgst ein realistisches Ziel, das durch Konzentration und stetige Anstrengung zu dauerhaftem Reichtum führen kann. Sei offen für Botschaften aus verschiedenen Quellen, besonders für jene, die du intuitiv erhältst.

LIEBE/PARTNERSCHAFT

Eine neue Beziehung blüht auf, die das Potenzial hat, lange zu halten. Dein/e Partner*in befindet sich vielleicht noch in den Anfängen der persönlichen Entwicklung und konzentriert sich darauf, selbst gesetzte Ziele zu erreichen. Es lohnt sich, deine Energie in den Aufbau einer soliden Beziehungsgrundlage zu investieren. Diese Karte zeigt an, dass dein/e Partner*in zuverlässig und vertrauenswürdig ist oder dass du jemanden mit diesen Qualitäten findest.

BERUF/GELD

Du stehst vor einem erfolgreichen beruflichen Neuanfang, einer Investitionsmöglichkeit oder einer neuen Geschäftsidee – alles Dinge, die eine sorgfältige Planung erfordern. Vielleicht entwickelst du ein neues berufliches Interesse, eine neue Fähigkeit oder erschließt eine neue Einkommensquelle. Du hast hart gearbeitet und machst Fortschritte. Verwirkliche deine Ideen, ohne etwas zu überstürzen.

PERSÖNLICH/SPIRITUELL

Diese Karte kann bedeuten, dass du ein neues kreatives Projekt, eine neue Wellness- oder Gesundheitsroutine beginnst. Bleib bei deinen Zielen und sei dir bewusst, dass die Anfangsphase oft frustrierend sein kann. Hör auf deine Intuition.

UMGEKEHRTE KARTE

Die umgekehrte Karte kann dein Zögern bei wichtigen Zielen anzeigen. Sie fordert dich auf, dich neu zu orientieren oder deine Herangehensweise zu überdenken, wenn du Ergebnisse sehen willst. Ebenso kann sie dich auf deine Frustration hinweisen, falls du bei der Erreichung deines Ziels nicht vorankommst, oder auf den Wunsch, schnell über die Ziellinie zu kommen. Wenn du deine Energie in eine Aufgabe steckst, die sich nicht so entwickelt, wie du es dir erhofft hast, ist es vielleicht an der Zeit, dich nach etwas anderem umzusehen.

REFLEXION

→ Welchen neuen Weg möchtest du einschlagen?

RITTER der MÜNZEN

Das Streben nach Wohlstand vollzieht sich langsam und stetig. Echter Erfolg braucht seine Zeit, daher sollte man es nicht zu eilig damit haben.

Im Tarot werden die Ritter hoch zu Ross dargestellt, und sie kehren von einer edlen Mission zurück, um dir einen elementaren Gegenstand zu überreichen, um den du gebeten hast. Der Ritter der Münzen ist der einzige im Tarot, dessen Pferd stillzustehen scheint, was seine Verbindung zum Element Erde unterstreicht. Sein Pferd ist schwarz und vermittelt dir das Gefühl, beschützt zu sein. Gründlich studiert der Ritter die Münze in seiner Hand. Diese symbolisiert seine Verbindung zum Element Luft, das dem Intellekt zugeordnet ist. Dieser Ritter weiß, dass er sich in Geduld üben und intelligente Entscheidungen treffen muss, um dir den gewünschten Wohlstand zu bringen. Reichtum ist ihm sicher, weil er auf Details achtet und methodisch vorgeht.

BEDEUTUNG DER AUFRECHTEN KARTE

Langfristiger Reichtum, stetiger Fortschritt

BEDEUTUNG DER UMGEKEHRTEN KARTE

Zögern, Selbstgefälligkeit

ELEMENTARE SCHLÜSSEL-KOMBINATION Luft und Erde. Luft steht für die Verbindung des Ritters zur Kommunikation, während seine Position unter den Münzen ihn mit der Erde verbindet, die für Stabilität und Naturverbundenheit steht.

ALLGEMEINE DEUTUNG

Der Ritter der Münzen lässt sich weder von Strategien zum schnellen Geldmachen noch von faulen Kompromissen beeindrucken. Er weiß, dass man die dauerhaftesten und sinnvollsten Ergebnisse erzielt, wenn man sich täglich anstrengt. Wenn du dich in allen Bereichen deines Lebens voll und ganz einsetzt – nicht nur in den Dingen, die dir am Herzen liegen –, kannst du Fülle schaffen. Setz dir Ziele und ergreif realistische Maßnahmen, um nicht auszubrennen, und deine Routine wird sich in eine erfolgreiche tägliche Praxis verwandeln.

LIEBE/PARTNERSCHAFT

Als Partner*in ist das Objekt deiner Zuneigung vielleicht nicht sehr aufregend oder auffällig, aber sie/er ist stabil, geerdet und vertrauenswürdig. Diese Person ist eher sinnlich als leidenschaftlich und geht die Dinge langsam an. Ihr baut eine Beziehung auf, die eher auf Vertrauen und Stabilität als auf Nervenkitzel und Intensität basiert. Das bedeutet, dass du die Dinge langsam angehen musst, wenn die Beziehung von Dauer sein soll.

BERUF/GELD

Eine Investition, die du getätigt hast, scheint sich sehr langsam zu entwickeln, doch hab Geduld! Sie wird zu guten Ergebnissen führen, wenn du sie in Ruhe wachsen lässt. Verfolg weiterhin konsequent deine Ziele, aber sei geduldig und realistisch, was deine Erwartungen angeht. Wenn du auf Arbeitssuche bist oder einen Berufswechsel in Betracht ziehst, bleib optimistisch, dass sich die perfekte Gelegenheit bietet.

PERSÖNLICH/SPIRITUELL

Im Moment ist es am besten, jeden Tag kleine Schritte in Richtung deiner persönlichen Ziele oder deines Wohlbefindens zu machen. Schon bald wirst du positive Veränderungen bei deiner Gesundheit oder auf deinem Bankkonto feststellen. Vergiss nicht, dich auf Freunde oder Familienmitglieder zu verlassen, wenn du Unterstützung brauchst.

UMGEKEHRTE KARTE

Die umgekehrte Karte kann auf fehlende Handlungsbereitschaft hindeuten, auf ungesunde Selbstzufriedenheit im Beruf oder auf eine stagnierende Beziehung. Hör auf deine Intuition und frag dich, in welchem Lebensbereich du positive Veränderungen vornehmen kannst, um deine Energie neu auszurichten und wieder in Fluss zu kommen.

REFLEXION

→ Was kann dir der Ritter der Münzen anbieten?

KÖNIGIN *der* MÜNZEN

Die Königin der Münzen verkörpert die weibliche Energie der Fürsorge und Zuverlässigkeit sowie eine starke Verbindung zur Natur.

Im Tarot steht die Königin für die weibliche Energie, die mit dem Element Wasser verbunden ist, mit den Anteilen Empfänglichkeit, Kreativität, Fürsorge und Liebe. Die Königin der Münzen ist tief mit der Natur und dem Element Erde verbunden, wie die wunderschönen Blumen und Ranken zeigen, die ihren Thron umrahmen. Sie hat ein gesundes Verhältnis zu ihrem Körper und lässt sich bei ihren Entscheidungen von ihren Instinkten leiten. Sie ist bodenständig, zuverlässig, verantwortungsbewusst und klug. Sie schaut liebevoll auf ihre Münze, die sie auf dem Schoß hält, aber sie schaut auch auf die Erde. Ihre Füße stehen fest auf dem Boden und sie weiß, dass ihre unbegrenzten Ressourcen mit allen Menschen geteilt werden sollten.

BEDEUTUNG DER AUFRECHTEN KARTE

Großzügigkeit, Zuverlässigkeit

BEDEUTUNG DER UMGEKEHRTEN KARTE

Materialismus, Unzuverlässigkeit

ELEMENTARE SCHLÜSSELKOMBINATION Wasser und Erde. Wasser ist mit der fürsorglichen und liebenden Energie der Königin verbunden, während ihre Position unter den Münzen sie mit der Erde verbindet, die für Stabilität und Naturverbundenheit steht.

ALLGEMEINE DEUTUNG

Die Königin der Münzen kann für eine Person stehen, die die genannten Eigenschaften verkörpert, für dich selbst oder für eine verlässliche, unterstützende Energie in deinem Leben. Überleg, wer dich unterstützt, welche Beziehung du zu deinem Körper hast und wie du dich für mehr Fülle mit der Natur verbinden kannst.

LIEBE/PARTNERSCHAFT

Diese Karte kann für eine/n Liebespartner*in stehen, die/der fürsorglich, zuverlässig, sinnlich und verlässlich ist. Oder sie deutet darauf hin, dass du diese Qualitäten in eine Beziehung einbringst oder dass sie bereits vorhanden sind. Vertrau darauf, dass diese Qualitäten notwendig sind, wenn du eine starke, dauerhafte Partnerschaft aufbauen willst. Die Karte kann auch für Mutterschaft, Fruchtbarkeit und die Gründung einer Familie stehen.

BERUF/GELD

Durch die Unterstützung einer Person, zu der du aufschaust, wirst du beruflich gefördert. Du kommst deinen Zielen ein gutes Stück näher, folgst deiner Intuition und triffst kluge Entscheidungen. Zweifle nie daran, dass du die volle Unterstützung deiner Familie oder enger Freunde hast, die dich darin bestärken, beruflich erfolgreich zu sein.

PERSÖNLICH/SPIRITUELL

Die Königin der Münzen fordert dich eventuell auf, deine Beziehung zu einer Mutterfigur zu überprüfen, dein inneres Kind zu bemuttern oder dich mit den Kindern in deinem Leben zu verbinden. Du solltest dich gut um deinen Körper kümmern, indem du dich auf dein Wohlbefinden konzentrierst und Zeit in der Natur verbringst.

UMGEKEHRTE KARTE

Die umgekehrte Karte kann auf eine Überbetonung der materialistischen Aspekte des Lebens hinweisen und auf die Notwendigkeit, diese auszugleichen, indem du mit deiner spirituellen Seite in Kontakt kommst. Sie kann auch auf eine Person in deinem Leben hindeuten, die unzuverlässig geworden ist. Statt wütend zu werden, solltest du mit der betreffenden Person über ihre Erwartungen sprechen und gegebenenfalls Anpassungen vornehmen. Die umgekehrte Karte kann auch bedeuten, dass eine andere Person deine Entscheidungen zu stark beeinflusst. Vielleicht versuchst du, es jemandem recht zu machen, was aber auf Kosten deines eigenen Glücks geht.

REFLEXION

→ Wie verbindest du dich mit der Fülle der Natur?

KÖNIG der MÜNZEN

Stabil und geerdet verkörpert der König der Münzen die männliche Energie, mit Autorität und Großzügigkeit zu handeln.

Könige sind die Herrscher ihrer Farbe und stehen für Stabilität, Autorität und gesunde männliche Energie. Der König der Münzen verkörpert die Elemente Feuer und Erde, die in Harmonie miteinander existieren, ohne sich gegenseitig zu dominieren. Dieser König trägt ein auffälliges, mit Weinranken verziertes Gewand und eine blumengeschmückte Krone. Sein Thron steht in seinem Garten, hinter ihm ist ein Teil des prächtigen Schlosses zu sehen. Er hat alles, was er braucht, und genießt sein luxuriöses Leben, er sorgt aber auch für die Menschen, die in seinem Schloss leben und arbeiten.

BEDEUTUNG DER AUFRECHTEN KARTE

Reichtum, Großzügigkeit

BEDEUTUNG DER UMGEKEHRTEN KARTE

Habgier, Egoismus

ELEMENTARE SCHLÜSSELKOMBINATION

Feuer und Erde. Das Feuer steht für die Verbindung des Königs mit Leidenschaft, Tatkraft und Führung, während seine Position unter den Münzen ihn mit der Erde verbindet, die für Stabilität und die Naturverbundenheit steht.

ALLGEMEINE DEUTUNG

Der König der Münzen kann eine Person mit gesicherten Vermögensverhältnissen, Großzügigkeit und Tatkraft darstellen. Diese Person könntest du sein! Er kann auch für die Energie einer Situation stehen, die von dir verlangt, eine Führungsrolle zu übernehmen, finanzielle Entscheidungen im Namen anderer zu treffen oder in Aktion zu treten, um ein Ziel zu erreichen. Möglicherweise erfordert dies, dass du deine Ressourcen zum Wohle anderer einsetzen musst.

LIEBE/PARTNERSCHAFT

Ein wohlhabender, großzügiger Mensch kann in dein Leben treten, das Thema Geld oder Verantwortung wird wichtiger. Im letzteren Fall bist du vielleicht bereit, ein gemeinsames Zuhause zu schaffen oder eine Familie zu gründen. Diese Karte deutet auf eine Beziehung hin, in der ihr euch entspannen und eure finanzielle Sicherheit und euren Wohlstand genießen könnt. Feiert dieses Glück mit einem gemeinsamen Urlaub oder einem Geschenk.

BERUF/GELD

Mehr finanzieller Erfolg und Stabilität sind zum Greifen nah. Jemand wird dich dabei unterstützen, deine Ziele zu erreichen. Vielleicht setzt du deine Ressourcen ein, indem du anderen dein Netzwerk zur Verfügung stellst oder als Mentor*in für jemanden fungierst, der in deinem Tätigkeitsbereich Fuß fassen möchte.

PERSÖNLICH/SPIRITUELL

Du spürst eine gesunde männliche Energie in dir oder um dich herum, vielleicht durch eine unterstützende Vaterfigur, deine eigene innere Vaterfigur oder den Vater deiner Kinder. Du suchst nach Möglichkeiten, großzügiger mit deinen Ressourcen umzugehen, sei es durch die Finanzierung von Projekten, die auf deinen Interessen basieren, oder indem du mehr Zeit mit Menschen in Not verbringst.

UMGEKEHRTE KARTE

Die umgekehrte Karte kann auf eine Person hinweisen, die gierig ist oder sich nur auf materiellen Wohlstand konzentriert. Das kann eine Vaterfigur sein oder auch du selbst, wenn du hart zu dir selbst bist und dich unter Druck setzt. Oder du bist mit jemandem aneinandergeraten, der sich nur um Äußerlichkeiten oder um sich selbst kümmert. Schau unter die Oberfläche, um die Wahrheit zu sehen. Vielleicht fällt es dir schwer, großzügig zu sein und Ressourcen zu teilen, die du aufgebaut hast.

REFLEXION

→ In welchen Bereichen kannst du großzügiger mit deinen Ressourcen umgehen?

ASS der SCHWERTER

II

III

IV

V

VI

VII

VIII

IX

X

BUBE der SCHWERTER

RITTER der SCHWERTER

KÖNIGIN der SCHWERTER

KÖNIG der SCHWERTER

KAPITEL 7

Die kleinen Arkana: Schwerter

DIE SCHWERTER STEHEN für das Element Luft und für die Luftzeichen im Tierkreis: Zwillinge, Waage und Wassermann. Sie symbolisieren Gedanken, Ideen und das gesprochene Wort, aber auch die schriftliche Kommunikation. Eine einfache Möglichkeit, sich daran zu erinnern, dass Schwerter mit Kommunikation, Gedanken und Ideen zu tun haben, sind Redewendungen wie zum Beispiel »Schwert der Wahrheit« oder »Böse Zungen schneiden schärfer als Schwerter«. Es gibt zahlreiche Beispiele, in denen Schwerter mit verschiedenen Kommunikationsformen verglichen werden, auch wenn viele davon unangenehm erscheinen.

ASS der SCHWERTER

Das Geschenk der Klarheit und neuer Ideen wird dir angeboten. Sei offen für dieses Geschenk des Göttlichen.

Das Ass der Schwerter bringt dir das Geschenk eines Neuanfangs, indem es dir klare Einsichten und neue Ideen schenkt. Auf dieser Karte sehen wir die Hand des Göttlichen, die ein Schwert mit einer Krone auf seiner Spitze reicht. Die Krone steht symbolisch für Bewusstsein und eine klare Vision, die jetzt in die Tat umgesetzt werden kann. Das zeigen die Farne an der Krone an, die wie ein Siegeskranz wirken. Ganz unten erkennen wir eine Bergkette, die die Fähigkeit des Höheren Selbst darstellt, weit über alles hinauszublicken, um göttliche Erkenntnis zu erlangen.

BEDEUTUNG DER AUFRECHTEN KARTE

Klarheit, neue Ideen

BEDEUTUNG DER UMGEKEHRTEN KARTE

Verwirrung, Unentschlossenheit

NUMEROLOGIE

1, Neuanfang, das Individuum

ALLGEMEINE DEUTUNG

Wenn das Ass der Schwerter in einem Legesystem erscheint, steht es für brillante Ideen, geistige Klarheit und sofortige Einsicht, die für schnelles Handeln notwendig sind. Es kann anzeigen, dass eine neue Idee sofortiges Handeln erfordert, um verwirklicht zu werden. Ein wichtiges Gespräch oder eine Auseinandersetzung wird zu diesem Zeitpunkt zu einem besseren Ergebnis führen. Das Ass steht für den ersten spannenden Schritt in einem Prozess. Vertrau deiner Intuition, die dich zu den nächsten Handlungsschritten führt. Das ist ein ermutigendes Zeichen!

LIEBE/PARTNERSCHAFT

Zögere nicht, in eine neue Beziehung oder Gelegenheit zu investieren. Frische neue Erkenntnisse und Klarheit in einer bestehenden Beziehung regen dich an, etwas zum Positiven zu verändern. Die Karte kann auch auf eine verbesserte Kommunikation in deiner aktuellen oder in der nächsten Beziehung hindeuten.

BERUF/GELD

Du entwickelst neue Ideen, um dein Geschäft zu erweitern oder auszubauen. Du bekommst Klarheit und eine Vorstellung davon, wie du deine finanzielle Situation verbessern kannst. Dies ist eine Zeit des beruflichen Aufbruchs, der die Gründung eines eigenen Unternehmens oder die Beförderung in einem bestehenden Unternehmen beinhalten kann.

PERSÖNLICH/SPIRITUELL

Folg dem inneren Ruf, deine spirituelle Praxis zu vertiefen oder deine übersinnlichen und intuitiven Gaben zu entwickeln. Wenn du dich in deinem persönlichen oder spirituellen Leben inspiriert fühlst, dann werde aktiv, ohne dich um die Details zu kümmern. Du wirst zu den nächsten Schritten geführt werden, aber um die Tür zu dieser Führung zu öffnen, brauchst du Mut und den Willen zu handeln. Vielleicht bemerkst du eine verbesserte Kommunikation und Klarheit mit deinen Freunden und den Menschen, mit denen du die meiste Zeit verbringst.

UMGEKEHRTE KARTE

Die umgekehrte Karte kann auf Verwirrung oder Missverständnisse hindeuten. Bitte aktiv um Klarheit oder mehr Informationen, statt eine Situation oder Interaktion übermäßig zu analysieren. Es kann auch bedeuten, dass du dich geschlagen, unentschlossen oder ungehört fühlst. So schwierig eine Konfrontation auch sein mag, sie ist der beste Weg, um verletzte Gefühle zu klären.

REFLEXION

→ Was wird dir durch das Ass der Schwerter klar?

ZWEI der SCHWERTER

Die Weigerung, die Wahrheit anzuerkennen, blockiert nicht nur deine Intuition, sondern verhindert auch jede weitere Entwicklung, sodass du im Unklaren bleibst.

Wenn sich mehrere Möglichkeiten auftun, kann Unentschlossenheit dich daran hindern, eine mutige Entscheidung zu treffen. Diese Karte steht für die Unfähigkeit, sich für einen Weg zu entscheiden. Eine Frau mit verbundenen Augen hält ein Paar Schwerter an ihre Brust gepresst, als wolle sie sich gegen irgendeinen Schmerz wehren. Sie ist gezwungen, sich auf ihre Intuition zu verlassen, da sie nicht sehen kann. Sie wendet dem Meer den Rücken zu, als wolle sie seine Gegenwart ausblenden, aber dank ihrer Intuition weiß sie, dass es da ist. Sie muss eine Entscheidung treffen, aber ihre Angst vor dem Schmerz hindert sie daran.

BEDEUTUNG DER AUFRECHTEN KARTE

Unentschlossenheit, Selbstschutz

BEDEUTUNG DER UMGEKEHRTEN KARTE

Manipulation, blockierte Intuition

NUMEROLOGIE

2, Dualität, Wahl

ALLGEMEINE DEUTUNG

Unentschlossenheit ist genauso schmerzlich wie die lähmende Angst, die uns am Handeln hindert. Die Angst, die falsche Entscheidung zu treffen, blockiert dich. Such Rat und Unterstützung bei einer Person deines Vertrauens, das macht es dir leichter. Aber letztlich findest du nur Erleichterung, indem du auf deine Intuition hörst und aktiv wirst.

LIEBE/PARTNERSCHAFT

Ignorierst du rote Fahnen oder weigerst du dich, eine Entscheidung bezüglich eines Partners oder einer Beziehung zu treffen? Vielleicht bist du gezwungen, zwischen zwei Partner*innen zu wählen oder innerhalb einer bestehenden Beziehung wichtige Optionen abzuwägen. Wenn du Konflikte oder Konfrontationen scheust, um den Schmerz zu vermeiden, schränkst du dich selbst ein. Versuch, deine Ängste loszulassen, die dich daran hindern, dich der Liebe zu öffnen.

BERUF/GELD

Nimm dir Zeit, um alle Optionen abzuwägen, bevor du eine Entscheidung für einen Beruf oder eine Investition triffst. Du bist unentschlossen und vermeidest finanzielle Entscheidungen aus Angst vor negativen Konsequenzen. Zögere nicht zu lang, folg deiner Intuition und entscheide dich für Optionen, die sich für dich gut anfühlen.

PERSÖNLICH/SPIRITUELL

Du hast dich aufgrund von Ängsten, die auf Erfahrungen in deiner Vergangenheit beruhen, vor Schmerz geschützt. Es ist klug, sich Zeit zu nehmen und seine Gedanken zu sammeln, bevor man eine wichtige Entscheidung trifft, aber halte dich nicht zu lang damit auf. Wenn du unentschlossen bist oder dich vor Entscheidungen in deinem Leben drückst, dann denk daran, dass nur du wissen kannst, was das Beste für dich ist. Du kannst mutige Entscheidungen treffen, wenn du nur dir selbst vertraust.

UMGEKEHRTE KARTE

Die umgekehrte Karte kann bedeuten, dass du dich zu sehr von den Gedanken und Meinungen anderer beeinflussen lässt. Das könnte dich daran hindern, Botschaften deiner Intuition zu erhalten. Um Entscheidungen zu treffen, die deinem wahren Selbst entsprechen, solltest du anderen Stimmen weniger Aufmerksamkeit schenken und stattdessen auf deine innere Stimme hören.

REFLEXION

→ Welche schwierigen Lebensentscheidungen werden durch die Zwei der Schwerter dargestellt?

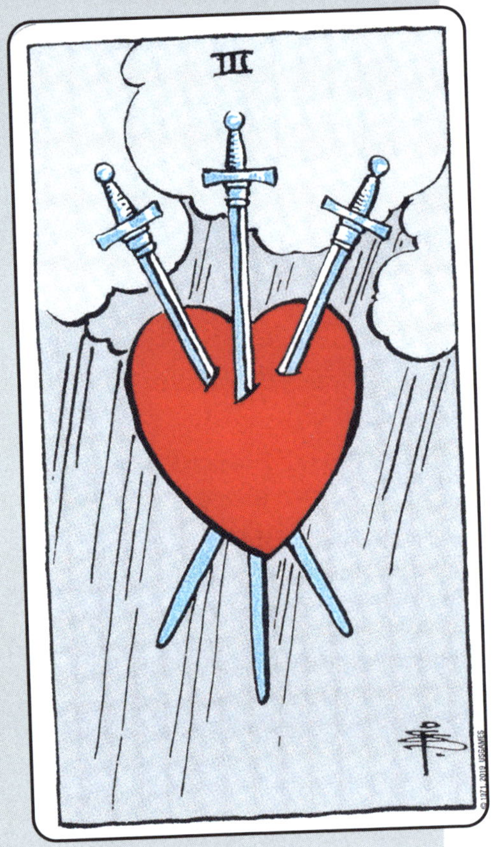

DREI *der* SCHWERTER

Schmerz ist ein vorübergehender Zustand, aber die Erinnerung an den Schmerz bleibt, wenn er verdrängt wird.

Drei Schwerter durchbohren ein leuchtend rotes Herz vor schweren Gewitterwolken und heftigem Regen auf dieser symbolträchtigen Karte. Die Schwerter symbolisieren unfreundliche Worte, negative Gedanken und schmerzhafte Erinnerungen, die tief in deinem Herzen vergraben sind. Der Himmel steht für dein Bewusstsein, das von Traurigkeit getrübt ist. Der Regen, ein Symbol für Tränen, unterstreicht, wie wichtig es ist, Emotionen loszulassen und sich von traurigen Erfahrungen zu reinigen.

BEDEUTUNG DER AUFRECHTEN KARTE

Trauer, Schmerz

BEDEUTUNG DER UMGEKEHRTEN KARTE

Heilen, Schmerzen loslassen

NUMEROLOGIE

3, Zusammenarbeit, Erweiterung

ALLGEMEINE DEUTUNG

Die Drei der Schwerter eröffnet die Möglichkeit, herzzerreißende Wahrheiten und den damit verbundenen Schmerz anzunehmen und zuzulassen. Dies kann mit einer aktuellen Situation zusammenhängen oder mit einem vergangenen Ereignis, das sich auf deine gegenwärtigen Umstände auswirkt. Öffne dein Herz und deinen Verstand, und deine Intuition wird dich zur Bedeutung dieser Karte führen. Nimm deine Empfindungen mitfühlend an und nutz die Gelegenheit, sie loszulassen und Heilung zu erfahren. Alles, was aus deinem Leben verschwindet, schafft Platz für Neues, das besser zu deinem jetzigen Weg passt.

LIEBE/PARTNERSCHAFT

Liebeskummer oder Enttäuschungen in einer vergangenen oder gegenwärtigen Beziehung belasten dich. Akzeptiere eine schmerzhafte Wahrheit oder Zurückweisung und nimm dir Zeit, um zu heilen und deine Gefühle zu verarbeiten. Eine Zurückweisung ist eine Neuorientierung; etwas Besseres wartet auf dich.

BERUF/GELD

Du empfindest Schmerz in Bezug auf deine berufliche Laufbahn, vielleicht aufgrund eines Jobverlusts oder einer enttäuschenden Nachricht. Diese Karte kann auch für Auseinandersetzungen mit Kolleg*innen stehen. Die Konfrontation mit einer schmerzlichen Erkenntnis im Beruf kann schwierig sein, aber du musst den Verlust verarbeiten und deine Wunden heilen lassen, wenn du dich in eine neue Richtung entwickeln willst.

PERSÖNLICH/SPIRITUELL

Deine spirituelle Praxis wird dir in Zeiten der Trauer helfen. Durch Selbstreflexion als Weg, um die Lektionen hinter Liebeskummer und Enttäuschung zu verstehen, wird es dir möglich sein, mehr in Kontakt mit dir selbst zu kommen.

UMGEKEHRTE KARTE

Die umgekehrte Karte lässt dich wissen, dass du trotz deiner momentanen Traurigkeit auf dem Weg der Heilung bist und den Schmerz, der mit Enttäuschung und Liebeskummer einhergeht, loslassen kannst. Diese Zeit des Kummers wird nicht ewig dauern, also sieh in die Zukunft mit der Hoffnung auf neue Erfahrungen. Die umgekehrte Karte erinnert dich auch daran, deine Angst vor Liebeskummer nicht auf eine neue Beziehung zu übertragen.

REFLEXION

→ Welche Geschichte erzählt deine Trauer? Welche neue Geschichte würdest du gern an ihre Stelle setzen?

VIER der SCHWERTER

Es gehört zum Leben, innezuhalten, sich zu entspannen und die Gedanken zur Ruhe kommen zu lassen. Dann kannst du mit mehr Energie und klarem Kopf weitermachen.

Du bist erschöpft von einer intensiven Erfahrung, deshalb bittet dich die Vier der Schwerter, dir Zeit zu nehmen, um in dich zu gehen, dich auszuruhen und dich zu erholen. Auf einer Grabplatte ist das steinerne Abbild eines Ritters zu sehen, das aber nicht den Tod bedeutet, sondern tiefe Ruhe ausstrahlt. Die Hände des Ritters sind zum Gebet gefaltet, wie wir es aus der Meditation, dem Yoga und aus verschiedenen Religionen kennen. Das Grabmal selbst steht für Stille und Ruhe abseits des Weltgeschehens. Die drei an der Wand hängenden Schwerter sind eine Aufforderung, die Kriegswaffen ruhen zu lassen, doch neben dem Ritter liegt ein Schwert, was bedeutet, dass er schnell reagieren könnte, wenn es nötig wäre.

BEDEUTUNG DER AUFRECHTEN KARTE

Ruhe, Innenschau

BEDEUTUNG DER UMGEKEHRTEN KARTE

Unruhe, Selbstreflexion vermeiden

NUMEROLOGIE

4, Struktur, Stabilität

ALLGEMEINE DEUTUNG

Die Vier der Schwerter ist die Ruhephase auf der Reise der Schwerter. Sie fordert dich auf, dich zu entspannen, mental zur Ruhe zu kommen und dich auf dich selbst zu besinnen. Wenn du gestresst oder ängstlich bist, solltest du meditieren und schlafen. Indem du dir Ruhe gönnst, schaffst du Raum in deinem Geist, um Ideen und intuitive Botschaften zu empfangen, die dich zu Lösungen führen.
In dieser Zeit kannst du dich auch auf Selbstreflexion, Atemarbeit und andere Methoden konzentrieren, die sich beruhigend auf dein Nervensystem auswirken.

LIEBE/PARTNERSCHAFT

Eine Auszeit von der Partnersuche oder eine Auszeit von einer Beziehung kann Wunder wirken, um einem besonderen Menschen näherzukommen. Vielleicht brauchst du sogar etwas Zeit für dich, um deine Prioritäten zu überdenken und dich auf dich selbst zu konzentrieren, bevor du dich wieder in die Liebe stürzt.

BERUF/GELD

Du bist bei der Arbeit gestresst und brauchst eine Pause, vielleicht sogar Urlaub. Schon eine kleine Auszeit vom Büro, beispielsweise ein Tag für dich allein, kann dich regenerieren. Wenn du Stressbewältigungstechniken in deine tägliche Routine integrierst, steigert das deine Produktivität und sorgt für eine gesündere, nachhaltigere Verfassung.

PERSÖNLICH/SPIRITUELL

Es tut dir sehr gut, dir Zeit für Meditation zu nehmen und dich auf deinen spirituellen Weg zu konzentrieren. Mehr Rückzug und Selbstreflexion werden sich positiv auf dein allgemeines Glück und Wohlbefinden auswirken.
Als Karte der Genesung kann die Vier der Schwerter auf eine Phase der Regeneration nach einer Krankheit hindeuten oder auf eine medizinische Behandlung, Therapie oder Beratung.

UMGEKEHRTE KARTE

Die umgekehrte Karte kann bedeuten, dass du rastlos bist oder Selbstreflexion und Auszeiten vermeidest. Vielleicht hast du keine Lust, mit irgendetwas aufzuhören, wenn du einmal in Schwung bist, aber sei dir bewusst, dass das Streben nach innerer Ruhe dazu beiträgt, dir deine Produktivität dauerhaft zu erhalten.
Die Karte ist ein Warnhinweis dafür, dass du möglicherweise kurz vor einem Burn-out stehst und deine körperliche und geistige Leistung durch erholsame Ruhephasen ausgleichen solltest.

REFLEXION

→ Was kannst du tun, um deinen Geist zu beruhigen?

FÜNF *der* SCHWERTER

Konflikte sind für alle unangenehm, aber auch wenn man verliert, kann man seine Würde bewahren.

In der Karte Fünf der Schwerter sind mehrere Ebenen des Kampfes verborgen. Ein selbstbewusster junger Mann hält zwei Schwerter in der einen Hand, während er mit dem anderen in den Boden sticht. Die beiden anderen Schwerter liegen neben seinen Füßen. In der Ferne gehen zwei Gestalten auf das Wasser zu, besiegt und sichtlich aufgebracht. Diese Karte zeigt die Folgen einer Schlacht und steckt voller Konflikte und Emotionen. Sie steht für Kampf und Verlust oder für einen zerstörerischen Sieg auf Kosten wichtiger Beziehungen.

BEDEUTUNG DER AUFRECHTEN KARTE

Konflikt, Streit

BEDEUTUNG DER UMGEKEHRTEN KARTE

Loslassen, Verbitterung loslassen

NUMEROLOGIE

5, Herausforderung, Konflikt

ALLGEMEINE DEUTUNG

Die Fünf der Schwerter lehrt dich, dass Konflikte, Auseinandersetzungen und Streit ein natürlicher Bestandteil aller Beziehungen sind, aber die Art und Weise, wie du in solchen Situationen mit dir selbst umgehst, kann dir helfen, dich weiterzuentwickeln. Versuch zu verstehen, was dich dazu gebracht hat. Ist es wirklich so wichtig, das letzte Wort zu haben? Was wollen dir diese Machtkämpfe vielleicht sagen? Manchmal ist es besser zu wissen, wann man sich aus einer aggressiven Situation zurückziehen sollte.

LIEBE/PARTNERSCHAFT

Ein Streit oder ein unangenehmes Gespräch steht an, um zu einer friedlichen Lösung zu gelangen. Wenn du dich in einer Beziehung ständig unterlegen fühlst, ist es wahrscheinlich an der Zeit, die Beziehung zu beenden. Sich zu streiten, um Leidenschaft und Intensität zu schüren, ist ein ungesundes Muster. Such nach konstruktiveren und gewinnbringenderen Möglichkeiten, um Leidenschaft zu erleben.

BERUF/GELD

Vielleicht hast du Streit mit Arbeitskollegen oder musst dich mit offener Feindseligkeit am Arbeitsplatz auseinandersetzen. Vielleicht arbeitest du unter einer/einem schwierigen Vorgesetzten, die/der dich abwertet und dir das Gefühl gibt, machtlos zu sein. Erkenne, wann es an der Zeit ist, ein Umfeld, ein Team oder ein Projekt zu verlassen. Vertrau auf intuitive Impulse, die dich von toxischen Menschen oder einem toxischen Arbeitsplatz wegführen.

PERSÖNLICH/SPIRITUELL

Nimm dir Zeit für Selbstreflexion, wenn du wütend bist, und frag dich, was du daraus in Bezug auf deine persönliche Stärke lernen kannst. Auseinandersetzungen können zur Erneuerung dieser Beziehungen beitragen, wenn du nach der Ursache für die Unzufriedenheit suchst. Oft führt das Ansprechen verletzter Gefühle zu einer Verbesserung der Kommunikation.

UMGEKEHRTE KARTE

Die umgekehrte Karte kann darauf hindeuten, dass es an der Zeit ist, die Vergangenheit ruhen zu lassen und alten Groll loszulassen, um nach vorn zu blicken. Konzentrier dich darauf, nach einem Konflikt einen Kompromiss zu finden. Vielleicht fühlst du dich intuitiv dazu hingezogen, jemandem zu vergeben und einen Schlussstrich zu ziehen. Auch wenn du nicht direkt mit der betreffenden Person sprichst, kann es dich befreien, jemandem in Gedanken und in deinem Herzen zu vergeben.

REFLEXION

→ Ist es wichtiger, recht zu haben oder Frieden zu bewahren?

SECHS *der* SCHWERTER

Vorankommen heißt, Frieden in der Gegenwart zu finden und gleichzeitig hoffnungsvoll in die Zukunft zu blicken. Vertrau darauf, dass das Schlimmste hinter dir liegt.

Nachdem du eine Reihe von Konflikten und Herausforderungen gemeistert hast, bist du bereit für die erholsame Reise, für die diese Karte steht. Die Sechs der Schwerter zeigt drei Personen, die mit dem Rücken zum Betrachter in einem Boot aus stürmischen in ruhigere Gewässer fahren und auf ein friedliches Ufer zusteuern. Der Mann, der das Boot steuert, repräsentiert die männliche, handlungsorientierte Energie, während die sitzende Figur vermutlich weiblich ist und in passiver Haltung in einem Kapuzenmantel verharrt. Sie repräsentiert die weibliche, intuitive Energie, während das danebensitzende Kind das innere Kind darstellen könnte. Die sechs Schwerter vor den Figuren stehen für die Emotionen und die ständig fließenden Gedanken, die sicher über das Wasser geführt werden.

BEDEUTUNG DER AUFRECHTEN KARTE

Vorankommen, eine Heilreise machen

BEDEUTUNG DER UMGEKEHRTEN KARTE

Schwer vorankommen; auf der Stelle treten

NUMEROLOGIE

6, Gleichgewicht, Harmonie

ALLGEMEINE DEUTUNG

Die Sechs der Schwerter bietet eine willkommene Pause von Konflikten und lädt dazu ein, dich geistig und emotional zu entlasten. Diese Karte kann wörtlich oder im übertragenen Sinne gedeutet werden, denn eine Heilreise kann sowohl innerlich stattfinden als auch mit einer äußeren Reise verbunden sein, die man unternimmt, um Abstand und Raum zu gewinnen. Wenn die Karte auf eine Reise hindeutet, wird die Reise, die du antrittst, für dich von Nutzen und ein wichtiger Teil deiner Heilung sein.

LIEBE/PARTNERSCHAFT

Vielleicht befreist du dich gerade von einer Beziehung oder aus einer schwierigen Phase in einer Beziehung und gehst harmonischeren Zeiten entgegen. Du denkst darüber nach, mit einer/m Partner*in zusammenzuziehen oder generell umzuziehen, um dich zu vergrößern oder um eine Familie zu gründen. Bessere Zeiten kommen auf uns alle zu.

BERUF/GELD

Du wirst bald einen Job oder eine Situation hinter dir lassen und dich besseren beruflichen Möglichkeiten zuwenden. Deine Finanzen werden sich positiv entwickeln. Du hast die Chance, dich beruflich zu verändern, und wenn sich diese Gelegenheit bietet, solltest du sie nutzen.

PERSÖNLICH/SPIRITUELL

Du hast eine neue Stufe auf deinem spirituellen beziehungsweise heilenden Weg erreicht und trittst nach vielen Kämpfen in eine Zeit des Friedens ein. Ein bevorstehender Umzug oder eine geplante Reise werden Wunder für deinen angegriffenen Zustand wirken.

UMGEKEHRTE KARTE

Die umgekehrte Karte kann auf eine Verzögerung oder die Unfähigkeit hinweisen, eine schwierige Situation zu überwinden. Lass dich von deiner Intuition zu Themen zu führen, die noch geklärt werden müssen. Die umgekehrte Karte kann auch bedeuten, dass sich Reisepläne verzögern. Konzentrier dich darauf, wo du jetzt stehst, statt Pläne für die Zukunft zu schmieden.

REFLEXION

→ Wenn du ein Passagier auf diesem Boot wärst, wohin würdest du fahren?

SIEBEN *der* SCHWERTER

Hör auf deine Intuition, um zu erkennen, was dir weggenommen oder direkt vor deiner Nase vor dir versteckt wird.

Du bist gerade dem berüchtigten Dieb des Tarots begegnet, der Sieben der Schwerter! Ein hämisch grinsender Mann schleicht sich mit fünf Schwertern in den Armen davon, er lässt aber zwei Schwerter zurück. Der gelbe Hintergrund deutet an, dass er dies am helllichten Tag tut, denn Gelb steht für das Bewusstsein. Wie alle Schwerter stehen auch diese für Ideen, Gedanken und Kommunikationsweisen, sodass es sich bei dem Diebstahl nicht unbedingt um einen materiellen Gegenstand handelt, den man sich nimmt oder der dir gestohlen wird.

BEDEUTUNG DER AUFRECHTEN KARTE

Täuschung, Strategie

BEDEUTUNG DER UMGEKEHRTEN KARTE

Desorganisation, Verfolgungswahn

NUMEROLOGIE

7, Planung, Kontemplation

ALLGEMEINE DEUTUNG

Die Sieben der Schwerter warnt vor möglichen Täuschungen und Lügen. Entweder ist jemand unehrlich zu dir, oder du belügst dich selbst in einer Angelegenheit. Diese Karte kann auch für eine Strategie oder Manipulation stehen, die du anwendest, um etwas zu bekommen, was du willst, statt offen und ehrlich über deine Bedürfnisse zu sprechen. Es gibt immer einen Weg, eine Situation durch Ehrlichkeit und offene Kommunikation zu verändern, wie es die beiden anderen Schwerter andeuten. Frag dich, womit die Sieben der Schwerter dich konfrontieren will.

LIEBE/PARTNERSCHAFT

Nicht alles ist so, wie es scheint. Ein/e Partner*in lügt dich entweder an oder verheimlicht dir etwas. Es kann auch sein, dass du dich selbst über die Wahrheit einer Situation täuschst. Jetzt ist es an der Zeit, reinen Tisch zu machen, offen zu sein und in deiner Beziehung klar zu kommunizieren.

BERUF/GELD

Unehrliches Verhalten hat Konsequenzen für deinen Job. Entwickle eine Strategie, um zu bekommen, was du willst, oder kündige, bevor die Situation zu toxisch wird. Wenn du dich selbst betrügst, was die Wahrheit über deine Finanzen angeht, solltest du offen und ehrlich über deine finanzielle Situation sprechen.

PERSÖNLICH/SPIRITUELL

Du hast Aspekte deines Privatlebens verheimlicht, aber vielleicht ist es an der Zeit, dich zu öffnen und ein ehrliches Gespräch zu führen. Es gibt jemanden in deinem Leben, der dich manipuliert, deine Ideen stiehlt oder deine Zeit verschwendet. Selbsttäuschung über die Wahrheit einer Beziehung, einer Situation oder eines Verhaltens führt nur zu noch mehr Kummer.

UMGEKEHRTE KARTE

Die umgekehrte Karte kann auf einen Plan oder eine Strategie hinweisen, die nicht zu deinem Vorteil ist und aus einer anderen Perspektive betrachtet werden muss. Gib deine Idee nicht auf, sondern überdenk sie einfach und versuch, sie aus einem anderen Blickwinkel zu betrachten. Sie kann auch auf Verfolgungswahn oder den irrigen Gedanken hinweisen, dass jemand oder etwas gegen dich arbeitet. Hör auf deine Intuition, um dein echtes Bauchgefühl von der Stimme der Angst zu unterscheiden.

REFLEXION

→ Wem gehören deiner Meinung nach diese Schwerter und warum nimmt die Person sie an sich?

ACHT der SCHWERTER

Lass nicht zu, dass Angst dich blockiert oder dich in deiner gegenwärtigen Realität gefangen hält. Mit Geduld und Entschlossenheit findest du immer einen Ausweg.

Wenn du die Acht der Schwerter ziehst, bist du bereit, dich einigen einschränkenden und unangenehmen Zwängen zu stellen – auch solchen, die du dir selbst auferlegt hast. Auf der Karte sehen wir eine Frau mit verbundenen Augen, die gefesselt (aber nicht fest) am Meeresufer steht, wo die Flut allmählich steigt. Um sie herum stecken acht Schwerter im Sand und im Hintergrund ist eine Burg zu sehen. Die Augenbinde signalisiert, dass sie den Weg nach vorn nicht sehen kann und durch die Fesseln in ihrer Bewegung eingeschränkt ist, aber die Schwerter sind nicht auf sie gerichtet, sondern umgeben sie nur. Dies deutet auf die Angst vor einer vermeintlichen Gefahr oder auf noch vorhandene Probleme aus der Vergangenheit hin, die sie daran hindern, Verantwortung für sich selbst zu übernehmen.

BEDEUTUNG DER AUFRECHTEN KARTE

Sich gefangen fühlen, Einschränkungen

BEDEUTUNG DER UMGEKEHRTEN KARTE

Loslassen, Bedenken

NUMEROLOGIE

8, Bewegung, Übergang

ALLGEMEINE DEUTUNG

Die Acht der Schwerter zeigt an, dass du dich gefangen oder blockiert fühlst, sei es durch die Umstände, die Vergangenheit oder deine eigenen Ängste und Unsicherheiten. Auch das Gefühl, isoliert zu sein, nicht dazuzugehören und sich nicht frei ausdrücken zu können, wird angedeutet. Vielleicht ertappst du dich dabei, wie du Ausreden findest, um nicht weitergehen zu müssen, oder wie du alles in dich hineinfrisst und das Gefühl hast, machtlos zu sein. Der Weg nach vorn beginnt damit, dass du deine Kraft wiedererlangst, also starte mit kleinen Schritten in Richtung deiner wahren Wünsche. Vertrau dir selbst und hab Geduld mit dir. Dieser Prozess erfordert Geduld und Ausdauer, aber du kannst es schaffen!

LIEBE/PARTNERSCHAFT

Du fühlst dich in einer Beziehung gefangen, aber der Gedanke, einfach die Beziehung zu beenden, schreckt dich ab. Vielleicht hast du aber auch Angst, dich auf eine Beziehung einzulassen oder dich einer anderen Person gegenüber erstmals wirklich verletzlich zu zeigen. Diese Ängste sind nur in deinem Kopf, deshalb solltest du daran arbeiten, dich zu öffnen und dir selbst zu erlauben, Liebe zu erfahren.

BERUF/GELD

Du arbeitest in einem Job, der dir nicht gefällt, und hast das Gefühl von Ausweglosigkeit. Oder vielleicht hält dich deine Angst vor dem Scheitern davon ab, eine neue berufliche Option zu wagen. Deine derzeitige Einstellung zum Geld basiert auf Mangeldenken, was dich zusätzlich einschränkt. Erinnere dich daran, dass du nicht allein bist; bitte das Göttliche um seine Führung bei den Schritten, die du zu deiner Befreiung unternehmen kannst.

PERSÖNLICH/SPIRITUELL

Du fühlst dich in einer Situation gefangen, die nicht mehr deinem Weg entspricht. Du weißt, dass du dich befreien musst, weißt aber nicht, wie. Bitte um Hilfe, wenn du dich festgefahren fühlst, und denk daran, dass du nicht allein kämpfen musst.

UMGEKEHRTE KARTE

Bist du dabei, dich von selbst auferlegten Beschränkungen zu befreien? Mach weiter! Die Karte kann aber auch darauf hinweisen, dass du etwas aufschiebst oder zögerst, etwas zu tun, das dich weiterbringt. Jetzt ist nicht der richtige Zeitpunkt, um damit aufzuhören, sonst landest du wieder dort, wo du angefangen hast.

REFLEXION

→ Was hält dich davon ab, sinnvolle Veränderungen vorzunehmen?

NEUN *der* SCHWERTER

Ein ängstlicher Geist führt zu unruhigen Nächten. Finde Wege, mit Sorgen und Stress umzugehen, um ihre Folgen zu transformieren.

Die Neun der Schwerter ist eine herausfordernde und belastende Karte. Sie öffnet die Schleusen für Ängste und Sorgen, die dich nachts nicht schlafen lassen. Die Person auf dieser Karte sitzt allein in der Dunkelheit aufrecht im Bett, während neun Schwerter bedrohlich über ihrem Kopf baumeln. Sind diese Schwerter real? Oder handelt es sich um imaginäre Schreckensszenarien? Auf der Bettdecke sind rote Rosen zu sehen, ein Symbol der Liebe, das darauf hinweist, dass die Person von Mitgefühl umgeben ist, wenn sie nur die Augen öffnen und hinsehen würde.

BEDEUTUNG DER AUFRECHTEN KARTE

Angst, Sorge

BEDEUTUNG DER UMGEKEHRTEN KARTE

Hoffnungslosigkeit, Verzweiflung

NUMEROLOGIE

9, kurz vor der Vollendung, Einsamkeit

ALLGEMEINE DEUTUNG

Die Neun der Schwerter sagt dir, dass deine Angst dich daran hindert, die Realität zu sehen. Stress ist ein normaler Teil des Lebens, aber es liegt an dir, wie du damit umgehst. Wenn deine Sorgen dich krank machen, solltest du etwas ändern. Nutz deine Stärken und Bewältigungsstrategien und such dir Hilfe, wenn du Probleme hast. Ein Journal kann dir helfen, deine Gedanken in Worte zu fassen und sie aus deinem Kopf auf Papier zu bringen.

LIEBE/PARTNERSCHAFT

Konflikte gehören zu jeder Beziehung, auch zu einer intakten. Stress in deiner Beziehung wird das Problem aber nicht lösen, deshalb solltest du ein Gespräch suchen oder dich einer vertrauenswürdigen Person öffnen. Unzufriedenheit kann sich zu einem Teufelskreis entwickeln, der zu noch mehr Stress führt. Wenn du dir Sorgen um dein Liebesleben machst, ziehst du noch mehr Sorgen an. Tu also dein Bestes, um Lösungen zu finden, die dich beruhigen. Kommunikation ist der Schlüssel dazu.

BERUF/GELD

Sorgen und finanzieller Stress führen zu Schlafstörungen oder Konzentrationsschwierigkeiten. Tief sitzende Ängste um deinen Arbeitsplatz oder deine Karriere nehmen zu viel von deiner Aufmerksamkeit in Anspruch. Wenn dich eine erdrückende Arbeitsbelastung stresst, hol dir Hilfe, ohne Angst davor zu haben, was andere Leute denken.

PERSÖNLICH/SPIRITUELL

Stress und Angst beeinträchtigen deine körperliche Gesundheit. Vielleicht bist du einsam oder grübelst zu viel über die immer gleichen Probleme. Es kann dir helfen, mit diesen negativen Gedanken umzugehen, wenn du ein Journal führst, in der Natur spazieren gehst oder Zeit mit anderen verbringst.

UMGEKEHRTE KARTE

Die umgekehrte Karte hat eine ähnliche Bedeutung wie die aufrechte, aber sie enthält noch mehr Verzweiflung und kann auf Depressionen oder Panikattacken hinweisen. Glücklicherweise zeigt sie auch das Ende dieser Phasen an, was bedeutet, dass die damit verbundenen Gefühle vorübergehen und überwunden werden können. Sei sanft zu dir selbst, wenn du extreme Angst und Verzweiflung verspürst, und zögere nicht, Hilfe zu suchen.

REFLEXION

→ Was könnte dir helfen, dich von Angst und negativen Gedanken zu befreien?

ZEHN der SCHWERTER

Begrüße die Morgendämmerung und erinnere dich an die Lektionen, die du in der Vergangenheit gelernt hast. Jedem Ende wohnt ein neuer Anfang inne.

Auf dieser Karte bricht ein neuer Morgen an. Die Dunkelheit der Nacht weicht einem strahlenden Sonnenaufgang, der die Berge und das Meer rot färbt. Im Vordergrund steht ein Mann mit zehn Schwertern auf dem Rücken. Die Energien von Tod und Wiedergeburt prägen die Botschaft dieser Karte und erinnern uns daran, dass nach jeder Phase des Schmerzes ein neuer Tag beginnt. Der Mann wird auferstehen, aber die Schwerter sind noch da. Er ist sich ihrer Gegenwart bewusst, empfindet sie aber nicht als Last. Vielmehr ehrt er die Erfahrungen, die seinen Weg geprägt haben, und das, was er dabei gelernt hat.

BEDEUTUNG DER AUFRECHTEN KARTE

Etwas abschließen, Neuanfang

BEDEUTUNG DER UMGEKEHRTEN KARTE

Verzögerungen, an der Vergangenheit festhalten

NUMEROLOGIE

10, vollständiger Zyklus

ALLGEMEINE DEUTUNG

Die Zehn der Schwerter steht für das Ende einer Phase des Schmerzes und des Kampfes. Wenn man dieses Ende akzeptiert und sich erlaubt zu sehen, dass alles, was man erlebt hat, einen Sinn hatte, findet Transformation statt. Auf dieser Ebene der Hingabe entsteht ein Gefühl des Friedens und der Dankbarkeit für das, was dein Leben verlassen hat, und öffnet den Raum für den Beginn eines neuen Zyklus.

LIEBE/PARTNERSCHAFT

Das Ende einer Beziehung oder eines Beziehungsmusters kann zu einem wunderbaren Neuanfang führen. Es kann aber auch sein, dass in deiner aktuellen Beziehung eine Phase zu Ende geht und du nun Frieden mit der Vergangenheit schließen solltest, um Raum für neue Energie zu schaffen. Das Schlimmste liegt hinter dir, du siehst diese Zeit als Lernphase und freust dich auf den nächsten Schritt in deiner Partnerschaft.

BERUF/GELD

Der Verlust des Arbeitsplatzes oder finanzielle Engpässe gehören bald der Vergangenheit an und machen Platz für eine neue, erfolgreichere Zeit. Deine bisherigen Erfahrungen haben dir gezeigt, dass auch Misserfolge dich weiterbringen können, dass du aus Ablehnung lernen und in deinem Beruf stärker werden kannst. Akzeptiere, dass das Ende des aktuellen Zyklus den Weg für noch bessere finanzielle oder berufliche Möglichkeiten ebnet.

PERSÖNLICH/SPIRITUELL

Nachdem du einen schmerzhaften Zyklus abgeschlossen hast, blickst du mit einem neuen Bewusstsein für die Vergangenheit nach vorn. Du bist dankbar für die gelernten Lektionen und beginnst ein neues Kapitel. Konzentrier dich auf die ganzheitliche Bewältigung von Stress und Ängsten, indem du ein Journal führst oder psychologische Beratung in Anspruch nimmst. Setz deinen Heilungsweg mit sanften Heilmethoden wie Akupunktur oder Reiki fort.

UMGEKEHRTE KARTE

Die umgekehrte Karte kann bedeuten, dass du dich weigerst, etwas zu Ende zu bringen. Erinnere dich daran, dass es völlig in Ordnung ist, loszulassen und weiterzumachen. Das Festhalten an der Vergangenheit verhindert einen Neuanfang. Versuch, die Fülle, die auf dich wartet, nicht aufzuhalten.

REFLEXION

→ Was ist die größte Herausforderung beim Beenden eines Zyklus?

BUBE der SCHWERTER

Der Bote der Kommunikation eröffnet neue Perspektiven; lass neue Ideen zu und teile sie mit anderen.

Die Buben sind die ersten der vier Hofkarten und gelten als die Boten des Tarots. Der Bube der Schwerter hat eine jugendliche Energie und könnte ein Kind oder eine jüngere Person darstellen, oder sogar eine Botschaft deines inneren Kindes, das dich auffordert, neugierig und offen zu sein, um Neues zu lernen. Der Bube steht mit erhobenem Schwert und übt für einen möglicherweise bevorstehenden Kampf. Er will vorbereitet sein, ist aufgeregt und nervös und scheint sich umzuschauen, um zu sehen, wer da kommt. Sein Training, das Schwert zielgerichtet zu führen, stärkt sein Selbstvertrauen und gewährleistet, dass er bereit ist, wenn es zum Kampf kommt.

BEDEUTUNG DER AUFRECHTEN KARTE

Enthusiasmus, Neugier

BEDEUTUNG DER UMGEKEHRTEN KARTE

Klatsch und Tratsch, Abwehrhaltung

ELEMENTARE SCHLÜSSELKOMBINATION

Erde und Luft. Die Erde steht für die Naturverbundenheit und die Stabilität des Buben, und seine Position in der Farbe der Schwerter verbindet ihn mit der Luft, die für Kommunikation und Weisheit steht.

ALLGEMEINE DEUTUNG

Der Bube der Schwerter ist geerdet genug, um zu wissen, dass er üben muss, bevor er sich in einen Konflikt stürzt. Diese Energie fordert dich auf, auf die subtilen Botschaften um dich herum zu achten, und drängt dich, vorsichtig weiterzugehen. Jetzt gibt es viel Kommunikation, neue Perspektiven und Gelegenheiten, um deinen Geist zu beschäftigen. Vielleicht bist du ein wenig ängstlich, aber irgendetwas drängt dich, deine Begeisterung auszuleben. Mach dir einen soliden Plan, bevor du anfängst, das wird dein Selbstvertrauen stärken.

LIEBE/PARTNERSCHAFT

Ein/e Partner*in mit einem schnellen, neugierigen Verstand, möglicherweise jünger oder mit einer jugendlichen Einstellung, wird bald in dein Leben treten. Diese Person kann dir auch neue Perspektiven eröffnen, die du bisher nicht in Betracht gezogen hast. Auch wenn ihr in eurer Beziehung viel Spaß zusammen habt, hast du das Bedürfnis, dich über deine Gedanken auszutauschen oder voneinander zu lernen.

BERUF/GELD

Du wartest auf ein Feedback von einem Kunden, einem Vorgesetzten oder einem neuen Arbeitgeber – und diese Nachricht wird dir wertvolle Informationen über neue Möglichkeiten liefern oder dir helfen, deinen Horizont zu erweitern. Die Nachricht kann dich aufregen, aber du brauchst einen gut durchdachten Plan, bevor du dich auf den Weg machst. Teile deine Gedanken und Ideen selbstbewusst mit anderen.

PERSÖNLICH/SPIRITUELL

Deine Begeisterung und Neugier für ein neues Lernprojekt oder dein Interesse an einer Reise, die dich körperlich, emotional, geistig oder spirituell bereichert, sind groß. In diesem Projekt kannst du neue Wahrheiten über dich selbst entdecken.

UMGEKEHRTE KARTE

Die umgekehrte Karte kann für hinterhältige Gerüchte oder Manipulationstaktiken stehen, entweder von dir selbst oder von jemandem in deinem Umfeld. Denk daran, dass Informationen, die du mit anderen teilst, nicht unbedingt vertraulich behandelt werden, und achte darauf, wie du dich fühlst, wenn du mit Leuten zusammen bist, die über eine Person tratschen, die nicht anwesend ist.

REFLEXION

→ Auf welche Ideen könnte dich der Bube der Schwerter im Moment bringen?

BEDEUTUNG DER AUFRECHTEN KARTE
Wahrheitssuche, Durchsetzungsvermögen

BEDEUTUNG DER UMGEKEHRTEN KARTE
Aufdringlichkeit oder Aggressivität

ELEMENTARE SCHLÜSSELKOMBINATION Luft und Luft. Luft steht für die Verbindung des Ritters zu Kommunikation und Weisheit, seine Position unter den Schwertern zeigt seinen klaren Verstand und Kommunikationsstärke.

RITTER *der* SCHWERTER

Die Suche nach der Wahrheit treibt dich ohne Rücksicht auf Verluste weiter.

Im Tarot werden die Ritter hoch zu Ross dargestellt und kehren von einer edlen Mission zurück, um dir einen elementaren Gegenstand zu überreichen, um den du gebeten hast. Der Ritter der Schwerter repräsentiert die Luft und wird gezeigt, wie er mit seinem Schwert der Wahrheit gegen den Wind anreitet. Dieser Ritter bewegt sich schnell und hat den Preis, den er begehrt, fest im Blick. Seine Geschwindigkeit und die aggressive Körperhaltung deuten an, dass er auf Konfrontation und Drama zusteuert und nicht aufzuhalten ist.

ALLGEMEINE DEUTUNG

Der Ritter der Schwerter kann für eine Situation stehen, der man sich frontal stellen muss, was bedeutet, dass eine unausweichliche Konfrontation bevorsteht. Vielleicht fordert er dich auf, durchsetzungsfähiger zu werden oder dich mit aller Kraft auf deine Ziele zu konzentrieren. Diese Karte kann auch auf eine Person in deinem Leben hinweisen, die versucht, dich in ihr Drama zu verwickeln. Deine Intuition wird dich leiten, für wen oder was diese sich schnell bewegende Energie in deinem Leben steht.

LIEBE/PARTNERSCHAFT

Ein potenzieller Liebespartner macht sich an dich heran, oder jemand rückt dir zu sehr auf die Pelle. Je nach deiner Persönlichkeit kann sich das schmeichelhaft oder unangenehm anfühlen, also hör auf deine Intuition, wenn du kein gutes Gefühl dabei hast. Diese Karte kann auch für eine Romanze stehen, die stark anfängt, aber genauso schnell wieder verpufft.

BERUF/GELD

Mehr Durchsetzungsvermögen und Konzentration auf ein Ziel oder ein Projekt oder generell mehr Engagement führen zu Veränderungen am Arbeitsplatz. Ein mögliches Drama mit der/dem Vorgesetzten oder einem/einer Kolleg*in könnte dich in eine Situation bringen, in der du dich irgendwie verteidigen musst. Bald eintreffende Nachrichten machen dich leistungsfähiger oder veranlassen dich, deinen Kurs zu ändern.

PERSÖNLICH/SPIRITUELL

Du bist in dramatische Beziehungen verwickelt und fühlst dich in der Defensive. Entdecke eine neue, durchsetzungsfähige Seite an dir, indem du ein Ziel oder eine Idee entschlossen und zuversichtlich verfolgst. Freue dich auf Neuigkeiten, auf die du schon lange gewartet hast, und sei sicher, das Richtige zu tun.

UMGEKEHRTE KARTE

Die umgekehrte Karte weist auf die aggressive Seite deines Ehrgeizes hin, die dazu führen kann, dass du dich selbst oder andere zum Äußersten treibst. Es besteht die Gefahr, dass dir die Energie ausgeht und du von etwas enttäuscht wirst, das stark begonnen und dann an Schwung verloren hat. Denke nach, höre auf deine Intuition. Geh in dich, um den Weg zurück ins konstruktive Handeln zu finden. Geh in dich, um den Weg zurück ins konstruktive Handeln zu finden.

REFLEXION

→ Wie fühlst du dich bei dem Tempo, das auf dieser Karte dargestellt ist?

KÖNIGIN *der* SCHWERTER

Die Königin der Schwerter enthält die weibliche Energie des Schutzes, der Gerechtigkeit und des Gleichgewichts, wenn es darum geht, Entscheidungen zu treffen und die Wahrheit zu sagen.

Im Tarot steht die Königin für die weibliche Energie, die Empfänglichkeit, Ehrlichkeit, Leidenschaft und Liebe umfasst. Die Königin der Schwerter repräsentiert die Elemente Wasser und Luft, doch auf der Karte selbst ist nur sehr wenig Wasser zu sehen, nur ein weit entfernter Fluss. Dies deutet darauf hin, dass klare Kommunikation, Intellekt und Logik gegenüber emotionalen Ausbrüchen vorgezogen werden. Die Königin sitzt auf einem stabilen Thron und heißt jeden willkommen, der ihren Rat sucht, aber sie hält ihr Schwert der Wahrheit in der Hand und macht deutlich, dass sie mit ihren Gedanken und Meinungen nicht hinter dem Berg hält. Die Königin ist weise und gerecht; alle um sie herum vertrauen ihren wohlüberlegten Entscheidungen. Um im Gleichgewicht zu bleiben, ist sie offen für die Meinungen und Ideen anderer.

BEDEUTUNG DER AUFRECHTEN KARTE

Entschlossenheit, Ehrlichkeit

BEDEUTUNG DER UMGEKEHRTEN KARTE

Kritisch, auf Sicherheit bedacht

ELEMENTARE SCHLÜSSEL-KOMBINATION Wasser und Luft. Wasser ist mit der fürsorglichen und liebenden Energie der Königin verbunden, und ihre Position in der Farbe der Schwerter verbindet sie mit der Luft, die für Kommunikation und Weisheit steht.

ALLGEMEINE DEUTUNG

Die Königin der Schwerter kann für eine Person stehen, die diese Eigenschaften verkörpert, für dich selbst oder für die Energie von Intellekt und Klugheit in deinem Leben, besonders wenn es um Entscheidungen geht. Diese Karte fordert dich auf, komplexe Situationen logisch anzugehen, statt emotional zu reagieren. Für wen oder was steht diese Karte in deinem Leben?

LIEBE/PARTNERSCHAFT

Geh die Situation in deiner Beziehung mit Vernunft an. Vielleicht hast du eine/n intelligente/n und vertrauenswürdige/n Partner*in, die/der eher vernunftbetont ist. Du könntest auch mit jemandem zusammen sein, der ihren beziehungsweise seine Partner*in verloren hat oder alleinerziehend ist. Andererseits es vielleicht an der Zeit, allein zu bleiben und sich auf die Beziehung zu dir selbst zu konzentrieren, besonders wenn du Schwierigkeiten hattest, in einer Beziehung eigenständig zu bleiben. Es ist ja nicht für immer, und du lernst wichtige Dinge über dich selbst, die du in deine nächste Beziehung einbringen kannst.

BERUF/GELD

Lass dich von einem vertrauenswürdigen Menschen oder jemandem aus deiner Branche beraten und achte darauf, dass du deine Finanzen und Ziele auf logische Weise angehst. Falls dir eine Investition oder ein Vertrag angeboten wird, lies das Kleingedruckte genau und entscheide anhand von Fakten und nicht auf Basis einer großen Vision.

PERSÖNLICH/SPIRITUELL

Steh für deine Überzeugungen ein und scheu dich nicht davor, sie anderen mitzuteilen. Lass Logik und Vernunft walten statt emotionaler Äußerungen, aber sei dabei nicht zu hart.

UMGEKEHRTE KARTE

Die umgekehrte Karte kann bedeuten, dass du einem bestimmten Menschen oder einer Situation übermäßig kritisch gegenüberstehst oder es einer anderen Person so geht. Mitunter kann sie auch auf übertriebene Selbstkritik hindeuten. Die umgekehrte Karte kann auch bedeuten, dass du bei Konfrontationen defensiv reagierst oder dass Emotionen deinen Verstand ausschalten.

REFLEXION

→ Um welchen Rat würdest du die Königin der Schwerter bitten?

KÖNIG der SCHWERTER

Der König der Schwerter verkörpert die autoritäre, männliche Energie, die von Logik und Vernunft geleitet wird.

Könige stehen als Herrscher ihrer Farbe für Stabilität, Autorität und gesunde männliche Energie. Der König der Schwerter repräsentiert die Elemente Feuer und Luft, die ihn vernünftig und überlegt handeln lassen. Der König sitzt auf einem steinernen Thron, der mit Schmetterlingen geschmückt ist, die sowohl das Element Luft als auch den Transformationsprozess des Feuers symbolisieren. Das Schwert, das er in der Hand hält, ist leicht geneigt und deutet darauf hin, dass er in der Lage und bereit ist, in Sekundenschnelle zu handeln.

BEDEUTUNG DER AUFRECHTEN KARTE

Intellektueller Ehrgeiz, Führungsqualitäten

BEDEUTUNG DER UMGEKEHRTEN KARTE

Kontrolle, Urteilsvermögen

ELEMENTARE SCHLÜSSELKOMBINATION Feuer und Luft. Feuer steht für die Verbindung des Königs zu Leidenschaft, Tatkraft und Führung, und seine Position in der Farbe der Schwerter verbindet ihn mit der Luft, die für Kommunikation und Weisheit steht.

ALLGEMEINE DEUTUNG

Der König der Schwerter kann dich oder eine andere Person repräsentieren, die genug Autorität, Intelligenz und Logik besitzt, um erfolgreich zu sein. Er kann auch für die Energie einer Situation stehen, die von dir verlangt, entschlossen für dich selbst oder für andere einzutreten, die nicht die Kraft haben, sich selbst zu verteidigen. Hör auf deine Intuition, um Botschaften zu empfangen, die dir den Weg weisen, wenn die Zeit zum Handeln gekommen ist. Du bist eine Autorität und verfügst über beachtliche Intelligenz. Vertrau dir selbst.

LIEBE/PARTNERSCHAFT

Ein/e Partner*in, die/der hochintelligent und erfolgreich ist, drückt sich eher durch charmante Kommunikation als durch leidenschaftliche Emotionen aus. Eine reife, rationale Herangehensweise an die Liebe bringt in dieser Zeit bessere Ergebnisse mit sich.

BERUF/GELD

Du gehst deine Ziele logisch an, was dazu führen kann, dass du dein eigener Chef wirst, befördert wirst oder eine Führungsrolle übernimmst. Diese Karte kann auch für eine Autoritätsperson am Arbeitsplatz stehen oder dafür, dass du selbst respektiert und für deine Leistungen anerkannt wirst. Gute Nachrichten in Rechtsangelegenheiten könnten sich ankündigen.

PERSÖNLICH/SPIRITUELL

Vertrau darauf, dass du die Autorität in deinem Leben bist, indem du in deinem eigenen Interesse handelst oder für deine Ideen einstehst. Wenn du merkst, dass du ins Wanken gerätst, hol dir Rat bei Fachleuten, wenn es um deine Gesundheit oder eine häusliche Situation geht.

UMGEKEHRTE KARTE

Die umgekehrte Karte kann auf ein übersteigertes Gefühl der intellektuellen Überlegenheit oder auf ein verurteilendes Verhalten hinweisen. Vielleicht kämpfst du gegen ein kontrollierendes Verhalten, das deiner Intuition und dem göttlichen Timing widerspricht, sei es dein eigenes oder das eines anderen. Lass das Bedürfnis los, jedes Detail und jede Handlung anderer zu kontrollieren, um diese Energie wieder ins Gleichgewicht zu bringen.

REFLEXION

→ Wie kannst du die ehrgeizige Energie des Königs der Schwerter in die richtigen Bahnen lenken?

ASS der STÄBE

II

III

IV

V

VI

VII
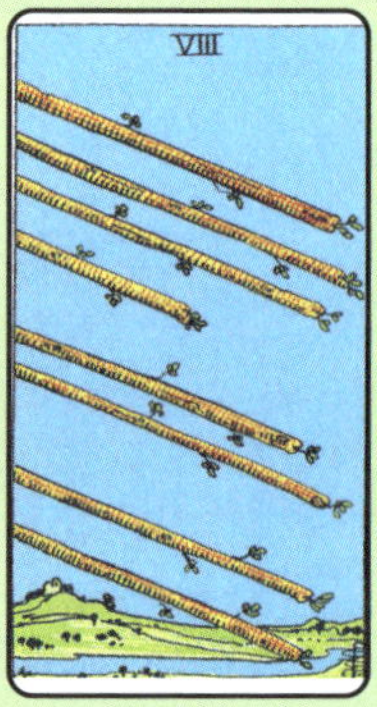
VIII

IX

X

BUBE der STÄBE

RITTER der STÄBE

KÖNIGIN der STÄBE

KÖNIG der STÄBE

KAPITEL 8

Die kleinen Arkana: Stäbe

DIE STÄBE STEHEN für das Element Feuer und die Feuerzeichen im Tierkreis: Widder, Löwe und Schütze. Stäbe symbolisieren Leidenschaft, Kreativität, Ehrgeiz und Tatkraft. Ausgehend vom Ass der Stäbe werden wir die universellen Bedeutungen der einzelnen Karten betrachten. Eine einfache Möglichkeit, sich daran zu erinnern, dass Stäbe mit Kreativität, Energie und Aktivität assoziiert werden, ist das Bild einer Fee, die den Zauberstab schwingt, um etwas erscheinen oder Wirklichkeit werden zu lassen. Feuer bewegt sich schnell und verwandelt jeden Gegenstand, den es berührt, so wie der Zauberstab der Fee durch die Kraft der Intention eine Verwandlung bewirkt. Die Vorstellung, dass Zauberstäbe mächtige Werkzeuge der Schöpfung sind, macht diese Farbe leicht verständlich.

ASS der STÄBE

Das Geschenk der Schöpfung kommt vom Göttlichen. Sei offen für aufregende neue Möglichkeiten.

Das Ass der Stäbe bringt das Geschenk eines leidenschaftlichen und kreativen Neuanfangs. Die Hand des Göttlichen reicht den Stab der visionären Inspiration. Grüne Blätter sprießen aus ihm. Die Landschaft darunter zeigt ein Schloss, einen ruhigen Fluss und einige Bäume. Dieses Motiv steht für Stabilität, Wohlstand, Bewegung und den Strom der Emotionen, der dich antreibt, neue Projekte in Angriff zu nehmen.

BEDEUTUNG DER AUFRECHTEN KARTE

Inspiration, Kreativität

BEDEUTUNG DER UMGEKEHRTEN KARTE

Zögern, Unschlüssigkeit

NUMEROLOGIE

1, Einweihung, Neuanfang

ALLGEMEINE DEUTUNG

Zeigt sich das Ass der Stäbe, bringt es Geistesblitze mit sich, die dich an den Beginn eines neuen Abenteuers führen. Das kann ein neues Projekt sein, eine Reise, der Beginn einer neuen Beziehung oder die Gründung eines Unternehmens. Diese aufregende Energie ist nur der erste Schritt, der dir den Antrieb und die Motivation gibt, die du brauchst, um auf deinem Weg voranzukommen. Bleib offen für die Zeichen des Universums und werde aktiv, wenn sie kommen.

LIEBE/PARTNERSCHAFT

Eine neue aufregende Beziehung voller Leidenschaft und Intensität entwickelt sich. Wenn du bereits in einer Beziehung bist, fühlst du vielleicht eine verstärkte oder neu entfachte Leidenschaft, die dich dazu bringen könnte, eine Familie zu gründen oder deine bestehende Familie zu vergrößern. Eine aufregende Gelegenheit für dich selbst oder deine Beziehung steht bevor.

BERUF/GELD

Diese Karte kündigt eine aufregende und herausfordernde Chance an, dein Geschäft zu erweitern oder ein neues Unternehmen zu gründen. Du spürst eine wachsende kreative Begeisterung für deine Arbeit, die dir die Türen zu neuem Wohlstand öffnet. Tritt in Aktion, wenn du intuitiv dazu aufgefordert wirst.

PERSÖNLICH/SPIRITUELL

Wenn sich Gelegenheiten für Reisen und Abenteuer bieten, dann ergreife sie! Der Beginn eines Gesundheits- oder Fitnessprogramms wird dir neues Selbstvertrauen verleihen und dein Leben bereichern. Dies ist ein idealer Zeitpunkt, um Ziele oder kreative Projekte in Angriff zu nehmen, über die du schon lange nachgedacht hast, sei daher offen für göttliche Inspiration.

UMGEKEHRTE KARTE

Die umgekehrte Karte kann auf ein Zögern hinweisen, etwas zu tun – vielleicht aus Angst, den richtigen Zeitpunkt zu verpassen, zu scheitern oder die eigene Komfortzone zu verlassen. Erkenne, was dich daran hindert, mutig und entschlossen zu sein, damit du zuversichtlich voranschreiten kannst. Die umgekehrte Karte kann auch ein Zeichen für Verzögerungen sein, auf die du keinen Einfluss hast. Vertrau darauf, dass diese Verzögerungen Teil des göttlichen Timings sind, und versuch, flexibel und offen zu bleiben.

REFLEXION

→ Welches Geschenk macht dir das Ass der Stäbe?

ZWEI der STÄBE

Du stehst vor der Entscheidung, deine Welt zu erweitern. Bleibst du beim Bekannten oder entscheidest du dich für das Unbekannte?

Die Zwei der Stäbe ist eine Einladung, über die Zukunft nachzudenken. Ein Mann blickt von der Höhe seines luxuriösen Schlosses auf das weite Land. Sein Leben ist stabil, doch nun sehnt er sich nach dem Abenteuer. Ein Stab ist fest an der Schlossmauer verankert und symbolisiert seine harte Arbeit beim Aufbau seines Reichtums. In der einen Hand hält er einen Stab, in der anderen einen Globus, als wolle er sagen, dass er die Welt in seinen Händen hält. Wohin wird er als Nächstes gehen? Die Zwei der Stäbe weist auf die Möglichkeit hin, die nächste aufregende Phase in einem bereits reichen und erfüllten Leben zu planen.

BEDEUTUNG DER AUFRECHTEN KARTE

Wahlmöglichkeiten, Zukunftspläne

BEDEUTUNG DER UMGEKEHRTEN KARTE

Ungeduld, Planlosigkeit

NUMEROLOGIE

2, Auswahl, Partnerschaft

ALLGEMEINE DEUTUNG

Die Zwei der Stäbe bietet die Möglichkeit, Zukunftspläne zu schmieden. Die aufregende Energie des Feuers treibt dich an, aber hüte dich davor, ungeduldig zu werden und zu früh zu handeln. Vielleicht musst du dich entscheiden, ob du eine neue Chance wahrnehmen willst oder ob du bleiben willst, wo du bist, also hör auf deine Intuition. Die Chance, die dich am meisten reizt, ist vielleicht alle damit verbundenen Risiken wert. Eine neue Partnerschaft oder eine unterstützende Beziehung könnte sich ergeben, die dir dabei hilft, die Veränderungen, die du gerade durchmachst, zu bewältigen. Jemand wird dich dabei unterstützen, auf eine neue und aufregende Weise zu wachsen.

LIEBE/PARTNERSCHAFT

Dich erwartet eine aufregende neue Beziehung voller Leidenschaft, Flirts und mit viel Spaß. Du könntest Pläne für eine romantische Reise schmieden. Vieles ist in Bewegung, vielleicht auch die Zukunftsplanung mit deinem/deiner Partner*in oder die Erwägung eines Umzugs. Diese Entscheidungen werden dein Leben verändern, also folg deiner Intuition.

BERUF/GELD

Eine neue berufliche Wachstumschance ist kein Zufall, also handle, wenn du begeistert bist und dich intuitiv geführt fühlst. Ein Geschäftspartner oder Investor wird dir helfen, deine Ideen zu verwirklichen und deine Pläne in die Tat umzusetzen.

PERSÖNLICH/SPIRITUELL

Wäge deine Optionen ab, bevor du eine große Entscheidung triffst, und hör vor Entscheidungen auf deine Intuition. Du machst Pläne und verfolgst deine Ziele, was wirklich aufregend ist! Außerdem bereicherst du dein Leben, indem du einem spirituellen Weg folgst und neue Richtungen erkundest.

UMGEKEHRTE KARTE

Die umgekehrte Karte kann auf Ungeduld und überstürztes Handeln aus übermäßigem Eifer hinweisen. Wenn du zu schnell vorgehst und etwas nicht so funktioniert, wie du es dir vorgestellt hast, gib nicht auf! Mach einfach langsamer und bleib dran. Entwickle einen klaren Aktionsplan, bevor du es erneut versuchst. Die umgekehrte Karte kann auch bedeuten, dass du abwartest, dass jemand anders aktiv wird, bevor du selbst etwas unternimmst. In dieser Situation musst du vielleicht die Initiative ergreifen, auch wenn du dich dabei unwohl fühlst.

REFLEXION

→ Welches neue Abenteuer erwartet dich?

DREI der STÄBE

Das Abenteuer liegt vor dir! Während du in eine neue Rolle oder Identität hineinwächst, erhältst du viel Unterstützung.

Die Karte Drei der Stäbe zeigt, dass du voller Ehrgeiz und Aufregung bereit bist, dich in die nächste Phase deines Abenteuers zu stürzen. Der Mann auf dieser Karte dreht uns den Rücken zu, was bedeutet, dass du als Betrachter dasselbe siehst wie er. Er steht zwischen zwei in den Boden gesteckten Stäben, während er den dritten als Stütze benutzt. Er hält Ausschau nach den Schiffen auf dem Wasser, was auf seine umfassenden Tätigkeiten hinweist und darauf, dass er gut im Team arbeiten kann. Die Unterstützung durch andere ermöglicht es ihm, seine Kräfte zu schonen, ohne auszubrennen, und seine beachtlichen Fähigkeiten auf Aufgaben von großer Tragweite zu konzentrieren.

BEDEUTUNG DER AUFRECHTEN KARTE

Entwicklung, Wachstum

BEDEUTUNG DER UMGEKEHRTEN KARTE

Verzögerungen, Enttäuschungen

NUMEROLOGIE

3, Erweiterung, Zusammenarbeit

ALLGEMEINE DEUTUNG

Die Drei der Stäbe zeigt an, dass du deine Energie für die Zusammenarbeit mit anderen einsetzt, indem du Aufgaben delegierst und Verantwortung teilst, was deinen Kräften zugutekommt. Es kann sein, dass du auf die richtigen Gelegenheiten wartest, aber in der Zwischenzeit setzt du deine Energie kreativ und produktiv ein, was deinen Wohlstand vergrößert und dir die Möglichkeit zum Reisen gibt.

LIEBE/PARTNERSCHAFT

Du hast jemanden kennengelernt, den du faszinierend findest, sei es durch Freunde oder durch Aktivitäten, die dich begeistern. Es könnte eine Zeit sein, in der du mit deinem/deiner Partner*in Reisepläne schmiedest oder im Urlaub jemand Besonderen kennenlernst. Überleg dir, wie du mehr Aufregung, Leidenschaft und Weite in deine aktuelle Beziehung bringen kannst, indem du Pläne für die Zukunft schmiedest, dich mit Freunden triffst oder an einer Gruppenaktivität teilnimmst.

BERUF/GELD

Dein Beruf bietet dir interessante Möglichkeiten, mit anderen Menschen zusammenzuarbeiten. Du könntest darüber nachdenken, neue Mitarbeiter*innen einzustellen, weil dein Gewinn gestiegen ist oder du dein Unternehmen vergrößerst. Diese Karte kann auch bedeuten, dass du beruflich auf Reisen gehst oder Geschäfte im Ausland machst.

PERSÖNLICH/SPIRITUELL

Im Austausch mit Menschen, die dich inspirieren, erreichst du die nächste persönliche Entwicklungsstufe. Du vertiefst deine spirituelle Praxis, sei es durch die Unterstützung einer Gemeinschaft oder durch neue Freundschaften. Denk über Reisen nach, die deinen Horizont erweitern und dich inspirieren werden.

UMGEKEHRTE KARTE

Die umgekehrte Karte kann auf Verzögerungen bei deinen Plänen oder auf eine Trennung von einer Beziehung oder von Freunden hinweisen. Das kann frustrierend und enttäuschend sein, aber es ist Teil des göttlichen Timings und ein wichtiger Teil deiner Lernreise. Die umgekehrte Karte kann ein Hinweis darauf sein, dass du eine bessere Lösung hast, die sich nur noch zeigen muss. Während dieser Zeit ist es wichtig, flexibel und geduldig zu sein.

REFLEXION

→ Welche drei Komponenten des Erfolgs stellen die drei Stäbe für dich dar?

VIER der STÄBE

Feiere deine Erfolge mit denen, die du liebst, bevor du das nächste Ziel in Angriff nimmst.

Die Vier der Stäbe steht für Freude und ausgiebiges Feiern. Ein wunderschönes Blumendach, das an eine traditionelle jüdische Chuppa erinnert, wird von vier fest im Boden verankerten Stäben gehalten. Der gelbe Hintergrund der Karte deutet auf Bewusstheit und Glück hin, denn das Paar feiert seine Vereinigung, indem es fröhlich Blumensträuße in die Luft wirft. Sie haben den Entschluss gefasst, gemeinsam etwas Stabiles und Dauerhaftes zu schaffen. Hinter dem Paar ist ein prächtiges Schloss zu sehen, in dessen Garten Menschen ausgelassen tanzen und ihr reich gesegnetes Leben feiern.

BEDEUTUNG DER AUFRECHTEN KARTE

Feiern, besondere Ereignisse

BEDEUTUNG DER UMGEKEHRTEN KARTE

Freude am Augenblick

NUMEROLOGIE

4, Stabilität, Struktur

ALLGEMEINE DEUTUNG

Die Vier der Stäbe deutet auf eine organisierte Feier hin, zum Beispiel eine Hochzeit, ein Jubiläum oder einen Schulabschluss. Denk über dein bisheriges Leben und deine Erfolge nach. Wie feierst du sie? Auch dein Engagement für deine Beziehungen und dein Umfeld wird hier gefeiert. Achte darauf, deine harte Arbeit und deine ständigen Anstrengungen durch Erholungsphasen auszugleichen.

LIEBE/PARTNERSCHAFT

Eine Verlobung, eine Hochzeit oder Flitterwochen werden mit dieser feierlichen Karte angezeigt. Vielleicht bist du in einer neuen Beziehung mit einer Person, die offen ist für die Liebe und eine tiefere Bindung. Wenn du bereits in einer Partnerschaft bist, erwägst du, mit deinem/deiner Partner*in zusammenzuziehen, gemeinsam ein Haus zu kaufen oder auf irgendeine andere Weise Wurzeln zu schlagen. Du genießt den Augenblick und findest Liebe in deiner gegenwärtigen Situation.

BERUF/GELD

Wenn du ein Projekt oder ein Ziel abgeschlossen hast, feierst du deinen Erfolg. Du genießt die wohlverdiente Anerkennung für deine harte Arbeit und deinen Einsatz. Jetzt bist du in einer aufregenden Phase der Kreativität und des beruflichen Fortschritts, nimm dir deshalb die Zeit, deine Erfolge zu feiern.

PERSÖNLICH/SPIRITUELL

Du genießt es, Wurzeln zu schlagen, ein Haus zu kaufen oder zu renovieren, dich einer Gruppe anzuschließen oder eine Beziehung zu vertiefen. Feiere die Freude und Aufregung, die mit diesen Meilensteinen verbunden sind. Wenn sich die Gelegenheit bietet, nutz deinen Elan für ein kreatives Projekt. Es tut deiner Seele gut, Zeit mit deiner Familie und deinen Freunden zu verbringen, eine Party zu feiern oder eine Pause einzulegen, um dich zu regenerieren.

UMGEKEHRTE KARTE

Die umgekehrte Karte ähnelt der Deutung der aufrechten Karte, sie zeigt aber einen gewissen Widerstand gegen das Feiern. Überleg dir, warum es dir so schwerfällt, die Früchte deiner Arbeit zu genießen. Nimm den Augenblick wahr und freu dich über das, was da ist. Feiere dich selbst ein wenig, um weitere Chancen in dein Leben zu ziehen.

REFLEXION

→ Auf welche Erfolge bist du besonders stolz, und wie fühlst du dich dabei?

FÜNF der STÄBE

Der Gegensatz zwischen Rivalität und gesundem Wettbewerb fordert dich zu einem produktiven Umgang mit deinem Ego heraus.

Wie wirst du mit der konkurrierenden dynamischen Energie der Fünf der Stäbe umgehen? Auf dieser Karte siehst du fünf junge Männer, die gegeneinander kämpfen und dabei spielerisch mit ihren Stäben aufeinander losgehen. Keiner scheint wütend oder verletzt zu sein; der Fokus liegt vielmehr auf der lebendigen Rivalität zwischen ebenbürtigen Gegnern und der Art und Weise, wie ihr Ego ihr Verhalten steuert. Die leuchtend blaue Farbe der Karte deutet die Bereitschaft an, sich inmitten des Kampfes um Klarheit zu bemühen, während durch das Fehlen einer Hintergrundlandschaft die Aufmerksamkeit auf die Wichtigkeit des Handelns und die in diesem Moment erforderliche Wachsamkeit gelenkt wird.

BEDEUTUNG DER AUFRECHTEN KARTE

Konkurrenz, Rivalität

BEDEUTUNG DER UMGEKEHRTEN KARTE

Übertreibung, Lösungsorientierung

NUMEROLOGIE

5, Konflikt, Wettbewerb

ALLGEMEINE DEUTUNG

Die Fünf der Stäbe erscheint oft, wenn man in einen Konflikt oder eine Meinungsverschiedenheit verwickelt ist, und fordert dazu auf, darüber nachzudenken, wie man sich in solchen Situationen verhält. Es kann auch auf einen Wettbewerb zwischen gleichwertigen Bewerbern um die gleiche Position hinweisen, etwa um den gleichen Job. Wenn du es mit Leuten zu tun hast, die eine starke Meinung haben, denk daran, dass auch deine Meinung wichtig ist. Scheu dich nicht, Zähne zu zeigen, wenn du erfolgreich sein willst.

LIEBE/PARTNERSCHAFT

Vielleicht gehst du gern mit verschiedenen Personen aus, bevor du dich auf eine Beziehung festlegst. Diese Karte kann aber auch bedeuten, dass du dich von Beziehungsdramen oder den Meinungen anderer über dein Liebesleben überfordert fühlst. Überleg dir, was du von einer Beziehung erwartest, damit du alles aussortieren kannst, was nicht deinen Wünschen entspricht.

BERUF/GELD

Konflikte oder Auseinandersetzungen am Arbeitsplatz oder Rivalitäten mit Kolleg*innen zehren an dir. Der Wettbewerb um eine Beförderung oder um bestimmte Ergebnisse kann die treibende Energie für deine Arbeit sein. Der Erfolg ist zum Greifen nah, deshalb solltest du strategisch vorgehen und versuchen, dich nicht in egozentrische Kämpfe verwickeln zu lassen.

PERSÖNLICH/SPIRITUELL

Lästige Verzögerungen und Umstände, die sich deiner Kontrolle entziehen, zwingen dich, einen Gang zurückzuschalten und mehr auf Details zu achten. Versuch, deine Ungeduld unter Kontrolle zu halten. Wenn du an mehreren kreativen Projekten oder Aufgaben gleichzeitig arbeitest, wirst du frustriert sein, weil du nichts zu Ende bringen kannst. Konzentrier dich immer nur auf eine Sache und beende sie, bevor du etwas Neues beginnst.

UMGEKEHRTE KARTE

Die umgekehrte Karte kann darauf hinweisen, dass ein Konflikt unverhältnismäßig aufgebauscht wird oder Details eines Streits oder einer Sache theatralisch übertrieben werden. Halte dich an die Fakten, um weitere Dramen und Konflikte zu vermeiden. Die umgekehrte Karte kann auch auf eine Lösung oder Vereinbarung nach einem Streit hindeuten.

REFLEXION

→ Wie stehst du zum Wettbewerb?

SECHS *der* STÄBE

Deine harte Arbeit wird jetzt belohnt. Genieße diesen siegreichen Moment im Kreise derer, die dich unterstützen.

Nachdem du dich durch eine Zeit des Wettbewerbs und der Gegnerschaft gekämpft hast, gehst du siegreich daraus hervor. Auf dieser Karte sehen wir einen jungen Mann auf einem weißen Pferd, dem Symbol der Reinheit. Ihm zu Ehren werden fünf Stäbe in die Höhe gereckt. Der Reiter hält den sechsten Stab, der höher als die anderen ist. Sowohl er als auch der Stab sind mit Lorbeerkränzen geschmückt, die den Sieg symbolisieren. Die anderen fünf jungen Männer erinnern an die Kämpfer auf der Karte Fünf der Stäbe, doch nun sind sie versammelt, um dem Sieger zuzujubeln.

BEDEUTUNG DER AUFRECHTEN KARTE

Sieg, Anerkennung

BEDEUTUNG DER UMGEKEHRTEN KARTE

Erfolg lässt auf sich warten

NUMEROLOGIE

6, Gleichgewicht, Harmonie

ALLGEMEINE DEUTUNG

Die Sechs der Stäbe, auch Siegeskarte genannt, bringt gute Nachrichten, besonders nach einer Zeit des Kampfes. Ein wesentliches Merkmal dieser Karte ist, dass sie dazu auffordert, stolz auf das Erreichte zu sein, seinen Erfolg zu schätzen und das Lob anderer anzunehmen, ohne sich zu schämen oder seinen Erfolg kleinzureden. Du hast hart gearbeitet und verdienst Anerkennung, also erlaub dir, jetzt zu strahlen. Mit deiner Begeisterung kannst du auch andere inspirieren.

LIEBE/PARTNERSCHAFT

Diese Karte steht für eine stabile Beziehung oder ein »Power-Paar«. Du bist mit einem/einer romantischen Partner*in zusammen, die/der deinem Enthusiasmus, deiner Leidenschaft und deiner Intensität entspricht, deshalb genieße diese aufregende und dynamische Beziehung. Nach einer Zeit der Traurigkeit oder des Kummers kannst du dich über den Erfolg in der Liebe freuen.

BERUF/GELD

Eine Anerkennung oder Beförderung für deine Arbeit steht bevor. Das könnte eine öffentliche Anerkennung sein. Nach einer Zeit des Kampfes stehen jetzt Wohlstand und finanzielle Verbesserung bevor. Deine Disziplin und harte Arbeit zahlen sich jetzt aus, also genieße diese Zeit!

PERSÖNLICH/SPIRITUELL

Du bist in allen Lebensbereichen erfolgreich, freust dich über deinen Erfolg und wirst für deine großartige Arbeit geschätzt. Du erhältst gute Nachrichten, die dein Zuhause oder dein Privatleben betreffen. Du bist bereit, in deiner Gemeinde oder in einer Interessengruppe eine Führungsrolle zu übernehmen.

UMGEKEHRTE KARTE

Die umgekehrte Karte kann bedeuten, dass sich dein Erfolg in irgendeiner Weise verzögert oder dass die Dinge nicht so laufen, wie du es dir vorgestellt hast. Das ist zwar enttäuschend, aber nur ein vorübergehender Rückschlag. Die Verzögerung ist Teil des Prozesses, halte dich daher an deinen Plan und arbeite fleißig weiter. Du bist fast am Ziel, gib jetzt nicht auf.

REFLEXION

→ Welchen Erfolg möchtest du jetzt gern feiern?

SIEBEN *der* STÄBE

Wer für seine Überzeugungen einsteht, kann sich bei der Verfolgung seiner Ziele durchsetzen. Du kannst alles bewältigen, was das Leben dir zumutet.

Bereite dich mit der Sieben der Stäbe darauf vor, deine Position energisch zu verteidigen. Die Karte zeigt einen jungen Mann, der seinen Stab als Waffe einsetzt, um sich gegen die sechs Stäbe zu verteidigen, die auf ihn zukommen. Er scheint überrumpelt worden zu sein, denn er trägt zwei verschiedene Schuhe. Der Weg zum Erfolg unterscheidet sich deutlich von dem, der beginnt, wenn man ein Ziel erreicht und den Neid der anderen erregt hat. Die Identität der Angreifer dieses Mannes ist ein Geheimnis und steht für verborgene Herausforderungen, die sich unweigerlich stellen und bewältigt werden müssen. Die Art und Weise, wie du mit diesen Hindernissen und Gegnern umgehst, entscheidet darüber, welche neuen Ebenen des Erfolgs für dich bald in Reichweite sein werden.

BEDEUTUNG DER AUFRECHTEN KARTE

Verteidigungshaltung, Durchsetzungsvermögen

BEDEUTUNG DER UMGEKEHRTEN KARTE

Übervorsichtig sein, sich unterlegen fühlen

NUMEROLOGIE

7, Strategie, Planung

ALLGEMEINE DEUTUNG

Diese Karte befasst sich mit unvorhergesehenen Herausforderungen und Hindernissen, die sich dir in den Weg stellen, und fordert dich auf, durchsetzungsfähig und strategisch zu handeln, statt defensiv mit deiner harten Arbeit und deinem Ruf umzugehen. Trotz Widrigkeiten mutig zu sein und auf deine Intuition zu hören, ist der beste Weg, um mit Druck umzugehen und deinen Erfolg zu steigern.

LIEBE/PARTNERSCHAFT

Die Lösung von Konflikten ist ein Balanceakt, aber zögere nicht, für deine Bedürfnisse einzutreten, und sei bereit, die deines Partners oder deiner Partnerin anzuhören. Beziehungsprobleme sind möglich, können aber überwunden werden. Hab keine Angst vor Schwierigkeiten in der Liebe. Setz dich stattdessen durch und mach deine Grenzen und Absichten klar.

BERUF/GELD

Verhandlungen über eine Gehaltserhöhung oder einen Vertrag können zu einer erfolgreichen Einigung führen, aber es ist wichtig, für dich selbst einzustehen und dich durchzusetzen. Es kann Widerstände oder Herausforderungen geben, die nur vorübergehend sind. Du kannst sie überwinden und deine Ziele erreichen.

PERSÖNLICH/SPIRITUELL

Die aktuellen Herausforderungen fordern dich heraus, in deinem Privatleben selbstbewusster und mutiger zu werden. Vielleicht musst du dich für andere einsetzen oder einen Freund oder ein Familienmitglied verteidigen. Bleib objektiv, konzentrier dich auf die Fakten und arbeite an einer Lösung.

UMGEKEHRTE KARTE

Sie kann darauf hindeuten, dass deine Wut sich in defensivem Verhalten und übertriebener Wachsamkeit äußerst, wenn deine Überzeugungen infrage gestellt werden oder, dass du dich nicht zur Wehr setzt, als ob es unmöglich wäre, für dich selbst einzustehen. Vielleicht neigst du dazu, deinen Ärger und deine Frustration in dich hineinzufressen, anstatt zurückzuschlagen, wenn du provoziert wirst. Wenn das der Fall ist, solltest du deine Gefühle in einem Journal festhalten und darüber sprechen, sobald du dich wieder beruhigt hast. Deine Gefühle sind berechtigt und verdienen es, zum Ausdruck gebracht zu werden.

REFLEXION

→ Was glaubst du, wofür sich der junge Mann in der Sieben der Stäbe einsetzt?

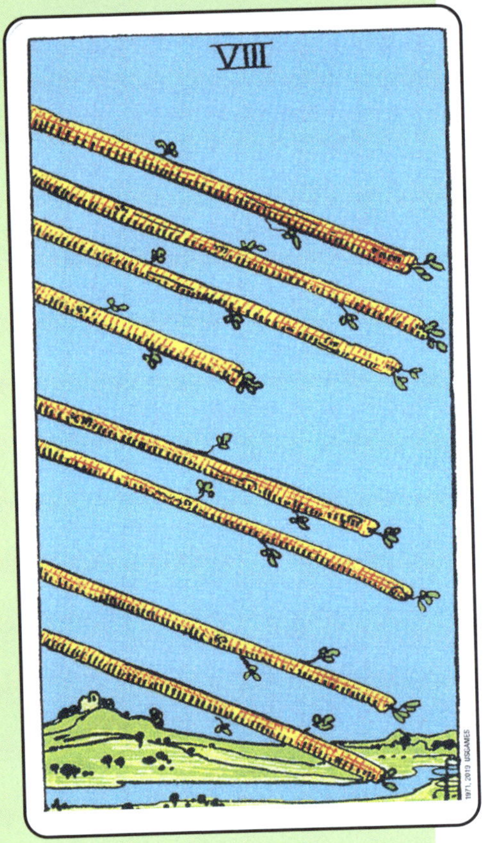

ACHT der STÄBE

Eine eingehende Nachricht löst eine Reihe von Ereignissen aus, die deinen Weg verändern. Du bist dort, wo du sein solltest, und in der Gesellschaft der richtigen Leute. Lass dich vom Strom mitreißen.

Die Acht der Stäbe strotzt nur so vor Energie der Eile und Geschwindigkeit. Zusammen mit den Assen und der Drei der Schwerter ist sie die einzige Karte der kleinen Arkana, die keine Personen zeigt. Dadurch wird die Aufmerksamkeit auf das Geschehen gelenkt. Hier sieht man acht knospende Stäbe, die über eine liebliche Wiesenlandschaft fliegen. Sie überbringen Botschaften und können in Form von Briefen, Telefonanrufen, E-Mails, Texten oder Nachrichten aus dem Mund eines vorbeigehenden Fremden kommen. Wie auch immer diese Botschaften zu dir kommen, sie bringen dich in Bewegung, beschleunigen die Ereignisse in deinem Leben und unterbrechen deine tägliche Routine, oft auf erstaunlich positive Weise!

BEDEUTUNG DER AUFRECHTEN KARTE

Beweglichkeit, schnelles Handeln

BEDEUTUNG DER UMGEKEHRTEN KARTE

Stagnation, sich in Geduld üben müssen

NUMEROLOGIE

8, Bewegung, Übergang

ALLGEMEINE DEUTUNG

Die Karte der Acht der Stäbe enthält ein Element der Spontaneität, das dich für ein bevorstehendes Ereignis begeistert. Das kann eine Reise sein oder eine neue Person, die in dein Leben tritt. Die Ereignisse überschlagen sich und alles fügt sich, ohne dass du auf ein bestimmtes Ergebnis drängen musst. Entspann dich und reite auf der Welle der Aufregung.

LIEBE/PARTNERSCHAFT

Durch eine Reihe scheinbar zufälliger Ereignisse könnte ein neuer Mensch in dein Leben treten. Vielleicht empfindest du Freude, wenn du zu Veranstaltungen oder von mehreren Personen gleichzeitig eingeladen wirst. Wenn du in Zukunft verreisen möchtest, dann, um jemanden zu besuchen.

BERUF/GELD

Ein oder mehrere Angebote oder Ideen werden auf dich zukommen, also freu dich, aber nimm dir Zeit, um zu überlegen, wofür du dich entscheidest. In deiner Karriere entwickelt sich alles immer schneller, und dir eröffnen sich aufregende neue Möglichkeiten. Dein Einkommen kommt aus verschiedenen Quellen, und du solltest offen dafür sein, auf unterschiedlichste Weise Fülle zu erhalten.

PERSÖNLICH/SPIRITUELL

Du hast einen vollen Terminkalender und bist damit beschäftigt, neue Leute kennenzulernen und Spaß zu haben. Das Leben treibt dich sehr schnell zu deinen persönlichen Zielen, also lass dich einfach treiben. Du wirst die Energie haben, die du brauchst, um alles, was das Leben zu bieten hat, zu genießen. Vielleicht reist du schon bald an einen aufregenden Ort, vielleicht auf einem spontanen Trip.

UMGEKEHRTE KARTE

Die umgekehrte Karte kann auf Verspätungen oder Verzögerungen hinweisen, die deine Begeisterung für etwas, auf das du dich gefreut hast, dämpfen. Diese Verzögerungen sind kein Zufall! Sie sind göttlich getimt, um auf eine wichtige Erkenntnis hinzuweisen, etwas, das du erkennen musst, bevor du deinen bisherigen Weg fortsetzen kannst. Vielleicht erinnert dich dieser Stillstand daran, den Prozess zu genießen, ohne zu sehr auf das Ergebnis fixiert zu sein.

REFLEXION

→ Wer sendet deiner Meinung nach die Acht der Stäbe aus? Wer könnte sie empfangen?

NEUN *der* STÄBE

Trotz der Rückschläge und Kämpfe hast du einen weiten Weg zurückgelegt. Das Ende ist in Sicht. Gib jetzt nicht auf.

Die Neun der Stäbe erscheint, weil du entschlossen, aber auch ein wenig erschöpft von deiner Reise bist. Acht Stäbe stehen senkrecht in der Erde, auf den neunten Stab stützt sich ein müder Mann. Sein Kopf ist bandagiert und er scheint eine ziemliche Tortur hinter sich zu haben. Er hält inne, um sich an die Ereignisse zu erinnern, die ihn an diesen Punkt geführt haben, und er weiß, dass er noch eine letzte Etappe des Abenteuers vor sich hat, bevor er sich ganz entspannen kann.

BEDEUTUNG DER AUFRECHTEN KARTE

Beharrlichkeit, Selbstvertrauen

BEDEUTUNG DER UMGEKEHRTEN KARTE

Schnell aufgeben, Verzögerungen

NUMEROLOGIE

9, kurz vor der Vollendung, Einsamkeit

ALLGEMEINE DEUTUNG

Die Neun der Stäbe umfasst alle Ereignisse, Kämpfe und Triumphe, die du bis zu diesem Punkt gemeistert hast. Bist du erschöpft und möchtest aufgeben? Aber du bist fast am Ziel! Es ist an der Zeit, deine Reserven zu mobilisieren und in der letzten Phase noch einmal alles zu geben. Du bist unglaublich belastbar und kannst jede Herausforderung meistern.

LIEBE/PARTNERSCHAFT

Du hattest mit Schwierigkeiten zu kämpfen, die dich daran gehindert haben, Erfüllung in der Liebe zu finden. Vielleicht hast du dich in deiner Beziehung einsam gefühlt, die Arbeit hat dich zu sehr in Anspruch genommen, um eine Beziehung zu beginnen, oder du bist noch dabei, eine frühere Beziehung zu verarbeiten. Was auch immer es sein mag, das Schlimmste ist überstanden, und du hast diese Herausforderungen fast hinter dir.

BERUF/GELD

Verfolg deine Ziele beharrlich weiter. Der gegenwärtige Krisenzyklus neigt sich dem Ende zu, gib also nicht auf. Es ist an der Zeit, die letzten Schritte zu unternehmen, um ein Projekt zu Ende zu bringen oder ein langfristiges Vorhaben abzuschließen. Zieh Kraft aus deinen Energiereserven, um einen guten Abschluss zu erreichen.

PERSÖNLICH/SPIRITUELL

Prüfungen und Hindernisse haben dich gelehrt, wie selbstbewusst und widerstandsfähig du bist, besonders in persönlichen Angelegenheiten. Wenn du dich deiner spirituellen Praxis oder einem Fitnessprogramm zuwendest, kannst du über diese Erfahrungen nachdenken und die verborgenen Geschenke erkennen, die in jeder Lektion enthalten sind. Du stehst am Ende eines Kampfes oder Konflikts, also vertrau diesem Prozess.

UMGEKEHRTE KARTE

Willst du kurz vor dem Ziel aufgeben? Das Göttliche fordert dich auf, nicht das Handtuch zu werfen, egal, wie erdrückend die Widrigkeiten auch erscheinen mögen. Die Karte kann auch darauf hindeuten, dass du stur bist oder dir selbst im Weg stehst und dadurch die Vollendung eines Zyklus verhinderst. Auch wenn eine andere Person das Problem zu sein scheint, bedenke, dass du nur dich selbst kontrollieren kannst. Beobachte dich und sei bereit, die Verantwortung für dein Verhalten zu übernehmen.

REFLEXION

→ Welche Geschichte könnte dir die Figur in der Neun der Stäbe über ihre Erfahrungen erzählen?

ZEHN der STÄBE

Achte darauf, nicht zu viel Verantwortung zu übernehmen. Es ist durchaus vernünftig, seine Energie zu schonen und Nein zu sagen.

Nachdem du deine Energiereserven für eine langwierige Aufgabe aufgebraucht hast, stößt du bei der Zehn der Stäbe an deine Grenzen. Auf dieser Karte kämpft ein Mann mit einem Bündel von zehn Stäben, die für die Schwierigkeit stehen, mehrere Lebensbereiche gleichzeitig zu jonglieren. Er macht sich auf den Weg zu einem schönen Haus in der Ferne, aber sein Kopf ist gesenkt, die Stäbe sind schwer und versperren ihm die Sicht. Er scheint sich blind vorwärts zu bewegen und stößt dabei an seine körperlichen Grenzen. Die blaue Farbe der Karte steht für geistige Klarheit und zeigt an, dass dieser Mann weiß, dass er seine Aufgabe erfüllen muss, egal, wie unangenehm und anstrengend sie im Moment ist. Seelenfrieden liegt auf der anderen Seite dieser Erfahrung.

BEDEUTUNG DER AUFRECHTEN KARTE

Überforderung, schwere Last

BEDEUTUNG DER UMGEKEHRTEN KARTE

Druck, Erschöpfung

NUMEROLOGIE

10, vollständiger Zyklus

ALLGEMEINE DEUTUNG

Die Zehn der Stäbe weist auf die Last der Verantwortung hin, die wir tragen, und signalisiert, dass wir völlig überfordert sind, weil wir zu viele Aufgaben übernommen haben. Ein solches Leben fordert seinen Tribut von deinem Körper, deinem Nervensystem und deinen Gefühlen und lässt nichts mehr für dich selbst oder die Menschen übrig, die du liebst. Denk über deine Beweggründe nach: Warum treibst du dich selbst so an? Wenn du lernst, um Hilfe zu bitten oder Verantwortung abzugeben, kannst du deine Energie besser in das investieren, was dir am meisten Freude bereitet.

LIEBE/PARTNERSCHAFT

Wenn du zu viele Aufgaben übernimmst, hast du vielleicht keine Zeit mehr für dich selbst, geschweige denn für neue Kontakte. Das kann deine Beziehung belasten, und die Karte fordert dich auf, dir mehr Zeit für Romantik zu nehmen. Vielleicht trägst du alle Verantwortung und Pflichten in deiner Beziehung und fühlst dich ausgelaugt. Dein/e Partner*in setzt dich vielleicht zu sehr unter Druck und verlässt sich darauf, dass du sie/ihn emotional und/oder finanziell unterstützt.

BERUF/GELD

Du hast in deinem Job zu viele Aufgaben übernommen und bist ausgebrannt. Bitte um Hilfe, ohne an deinen Fähigkeiten zu zweifeln, und setz dir Grenzen, um nicht rund um die Uhr zu arbeiten. Da du am Ende eines großen Projekts oder einer Aufgabe stehst, die dich bis an deine Grenzen gebracht hat, wirst du dich bald ausruhen können.

PERSÖNLICH/SPIRITUELL

Wenn du zu allem und jedem Ja sagst, fühlst du dich ausgebrannt und überlastet. Grenzen zu setzen und Nein zu sagen, mag sich im Moment unangenehm anfühlen, ist aber viel nachhaltiger, als sich die ganze Last der Welt aufzuladen. Es kann sein, dass du unglaublich viel Verantwortung oder kreative Projekte übernimmst, um deine persönlichen Ziele zu erreichen.

UMGEKEHRTE KARTE

Die umgekehrte Karte kann bedeuten, dass du dich unter enormen Erfolgsdruck setzt oder perfektionistische Tendenzen hast, die zu extremer Erschöpfung und Burn-out führen. Versuch, nur das zu tun, was du bewältigen kannst, ohne deine Produktivität zu bewerten oder dich mit anderen zu vergleichen. Sorg für ein Gleichgewicht zwischen dem, was dir Spaß macht, und dem, was unbedingt erledigt werden muss, und lehne alles andere ab.

REFLEXION

→ Wo übernimmst du zu viel Verantwortung?

BUBE der STÄBE

Der Bote des Feuers bringt aufregende Neuigkeiten. Sei offen für abenteuerliche Gelegenheiten.

Der Bube der Stäbe ist voller jugendlicher Energie und kann ein Kind oder eine jüngere Person darstellen oder sogar eine Botschaft deines inneren Kindes, das dich zu mehr Spielfreude und Abenteuerlust auffordert. Der Bube steht still und starrt auf seinen Stab, als ob er sich dessen unendliche Verwendungsmöglichkeiten vorstellt. Es ist ungewöhnlich, ihn in bewegungsloser Kontemplation zu sehen, eine Haltung, die seine Verbindung zum Element Erde zeigt. Er ist geerdet und neugierig zugleich, eine Kombination, die es ihm ermöglicht, zu spielen, ohne sich zu verletzen, wie die Salamander auf seiner Tunika andeuten.

BEDEUTUNG DER AUFRECHTEN KARTE

Impulsivität, Abenteuerlust

BEDEUTUNG DER UMGEKEHRTEN KARTE

Unzuverlässigkeit, Hast

ELEMENTARE SCHLÜSSELKOMBINATION Erde und Feuer. Die Erde steht für die Naturverbundenheit und die Stabilität des Buben, und seine Position in der Farbe der Stäbe verbindet ihn mit dem Feuer, das für Leidenschaft und Tatkraft steht.

ALLGEMEINE DEUTUNG

Der Bube der Stäbe ist geerdet und doch verspielt, jemand, der neugierig durch die Welt geht. Auf dich kommen gute Nachrichten zu, möglicherweise per E-Mail, SMS, Telefonanruf oder im direkten Gespräch. Sei offen für kreative Erfahrungen, für neue Möglichkeiten und dafür, dich so auszudrücken, dass du dich frisch und dynamisch fühlst.

LIEBE/PARTNERSCHAFT

Du fühlst dich zu einer/einem Liebespartner*in hingezogen, die/der lustig und kontaktfreudig, gesprächig und bereit ist, Abenteuer zu erleben, auch wenn sie/er vielleicht nicht hält, was sie/er verspricht. Taten sagen mehr als Worte. Wenn du dir in deiner bestehenden Beziehung Zeit für freudige Aktivitäten nimmst, wird euch das näher zusammenbringen.

BERUF/GELD

Ein Jobangebot oder eine Gelegenheit, die sich dir bietet, wird dich begeistern und deine Leidenschaft für das, was du tust, neu entfachen. Du bist sehr beschäftigt und musst deine Aufgaben nach Prioritäten ordnen, deshalb solltest du dir ein gutes Zeitmanagement angewöhnen, um deine Arbeit zu bewältigen. Stell sicher, dass du deine Versprechen halten kannst.

PERSÖNLICH/SPIRITUELL

Eine aufregende Zeit des Neuanfangs steht bevor, aber sie erfordert einen geerdeten Ansatz. Versuch, dich nicht zu sehr zu binden; warte einen Moment, bevor du reagierst, und vergewissere dich, dass du die Zeit und die Energie hast, deine Vereinbarungen einzuhalten. Nimm Kontakt zu deinem inneren Kind auf, indem du dich an die Aktivitäten erinnerst, die du in deiner Kindheit geliebt hast. Gemeinsame Zeit mit Kindern kann ebenfalls sehr heilsam für dich sein.

UMGEKEHRTE KARTE

Die umgekehrte Karte kann darauf hinweisen, dass du überstürzt und impulsiv handelst, ohne einen richtigen Plan zu haben. Das führt dazu, dass du dich selbst und andere im Stich lässt und dir oder jemand anderem den Ruf einhandelst, unzuverlässig zu sein. Jeder macht das von Zeit zu Zeit! Nimm nur die Aufgaben an, die du ganz sicher zu Ende bringen kannst. Das kann sich auf ein Kind in deinem Leben beziehen oder auf jemanden, der sich kindisch verhält und sich über seine Pflichten beschwert, statt sich um die Aufgabe zu kümmern, die vor ihm liegt.

REFLEXION

→ Was glaubst du, was der Bube der Stäbe tun wird?

RITTER der STÄBE

Sein Tatendrang treibt diesen Ritter an, die Führung zu übernehmen und schnelle Ergebnisse zu erzielen.

Im Tarot werden Ritter zu Pferd dargestellt; sie kehren von einer edlen Mission zurück, um dir den elementaren Gegenstand zu überreichen, um den du gebeten hast. Auf der Karte Ritter der Stäbe entfacht die Verbindung von Luft und Feuer eine Flamme, die den Ritter zu kühnen Taten anspornt, ohne dass er befürchten muss, verletzt zu werden. Die Salamander auf seinem Waffenrock, die für das Feuer stehen, schützen den Ritter der Stäbe zusätzlich zu seiner Rüstung. Er reitet schnell durch eine karge Landschaft und hält einen knospenden Stab in der Hand, der neue Ideen und Wachstum symbolisiert. Dieser Ritter ist leidenschaftlich und mutig und setzt seine Worte in die Tat um. Manchmal ist er vielleicht etwas zu ehrgeizig und voreilig, aber meistens ist ihm der Erfolg sicher.

BEDEUTUNG DER AUFRECHTEN KARTE

Schnelligkeit, Leidenschaft

BEDEUTUNG DER UMGEKEHRTEN KARTE

Selbstzweifel, Bedenken

ELEMENTARE SCHLÜSSELKOMBINATION Luft und Feuer. Luft steht für die Verbindung des Ritters zur Kommunikation, während seine Position in der Farbe der Stäbe ihn mit dem Feuer verbindet, das für Leidenschaft und Tatkraft steht.

ALLGEMEINE DEUTUNG

Der Ritter der Stäbe zeigt an, dass die Zeit gekommen ist, um deine Ideen oder Projekte in Angriff zu nehmen. Betrachte dies als grünes Licht, um loszulegen! Sobald du den ersten Schritt getan hast, wirst du merken, wie sich alles andere beschleunigt, um dich in die von dir gewählte Richtung zu treiben. Hab Vertrauen in dich selbst oder in andere, die dich unterstützen wollen. Falls du dich blockiert fühlst oder stagnierst, wird diese Energie den Funken der Leidenschaft neu entfachen und dich auf dem Weg zu deinen Zielen voranbringen. Hör auf deine Intuition und folge ihr, ohne zu zögern.

LIEBE/PARTNERSCHAFT

Ein/e charmante/r, leidenschaftliche/r Partner*in könnte sehr aktiv hinter dir her sein. Eine neue Beziehung entwickelt sich extrem schnell, aber du solltest versuchen, den Moment zu genießen, ohne dich zu sehr mitreißen zu lassen, denn dieses Tempo ist auf Dauer nicht durchzuhalten. Vielleicht lernst du auf einer Reise jemanden kennen, oder du stellst fest, dass eine Reise mit deinem/deiner jetzigen Partner*in den Funken zwischen euch wieder entfacht.

BERUF/GELD

Dein Geschäft kommt schnell in Schwung. Wenn du im Geschäftsleben deiner Intuition folgst, kannst du deinen Gewinn steigern, oder dein Instinkt leitet die nächsten Schritte ein, die dich zum Erfolg führen. Nach einer Zeit der Stagnation machst du jetzt Fortschritte, also handle, wenn es angebracht ist. Ein neues Projekt wird deine Begeisterung wecken und dich motivieren.

PERSÖNLICH/SPIRITUELL

Du willst vorankommen und deine Ziele erreichen, vielleicht durch einen Umzug. Gute Nachrichten und Unterstützung helfen dir weiter, wenn du dich festgefahren hast oder in einer Situation feststeckst. Deine Begeisterung für das Leben kehrt endlich zurück und verleiht dir mehr Energie, um dich deinen Leidenschaften zu widmen.

UMGEKEHRTE KARTE

Die umgekehrte Karte kann auf Selbstzweifel im Allgemeinen hindeuten, aber höchstwahrscheinlich im Zusammenhang mit einem bestimmten Ziel oder einer Situation, die sich nicht wie erhofft entwickelt hat. Verzögerungen und Missverständnisse gehören zum Leben und sind kein Grund aufzugeben. Vielleicht gibt es einen anderen, besseren Weg, also sei geduldig und nutz diese Zeit, indem du dich von deiner Intuition leiten lässt.

REFLEXION

→ Was wünschst du dir vom Ritter der Stäbe?

KÖNIGIN *der* STÄBE

Die Karte enthält die weibliche Energie der intuitiven Kreativität und der emotionalen Intelligenz, verbunden mit Leidenschaft und warmherzigem Handeln.

Im Tarot steht die Königin für die weibliche Energie, die Empfänglichkeit, Kreativität, Fürsorge und Liebe umfasst. Das Element Feuer in Verbindung mit dem intuitiven Element Wasser verleiht dieser Königin Tatkraft und die Fähigkeit, zu geben und zu empfangen. Die Königin der Stäbe ist dem Betrachter zugewandt und vermittelt Vertrauen statt Passivität. Ihr Blick ist nach links gerichtet, in die Richtung der Intuition, was ihre Verbindung mit dem Wasser und der weiblichen Energie symbolisiert. Diese kraftvolle Kombination ähnelt der des Magiers, der das Göttliche kanalisiert, um seine Realität zu manifestieren, weshalb die Königin der Stäbe auch als »Hexe des Tarots« bezeichnet wurde. Dies bezieht sich auf ihre Manifestationsfähigkeit und hat nicht mit einer bestimmten religiösen Vorstellung zu tun. Die schwarze Katze an ihrer Seite, die als Vertraute der Hexe bekannt ist, spiegelt diesen treffenden Beinamen wider.

BEDEUTUNG DER AUFRECHTEN KARTE

Kreativität, Ehrgeiz

BEDEUTUNG DER UMGEKEHRTEN KARTE

Minderwertigkeitsgefühl, kreative Blockade

ELEMENTARE SCHLÜSSEL-KOMBINATION Wasser und Feuer. Wasser ist mit der fürsorglichen und liebenden Energie der Königin verbunden, während ihre Position in der Farbe der Stäbe sie mit dem Feuer verbindet, das für Leidenschaft und Tatkraft steht.

ALLGEMEINE DEUTUNG

Die Königin der Stäbe ist eine Aufforderung, die eigene Kraft voll auszuschöpfen, seinen Ehrgeiz zu nutzen und Führungsaufgaben zu übernehmen. Wenn du deine Kraft einsetzt, wirst du jetzt und immer geführt und beschützt. Dein Selbstvertrauen und dein Selbstwertgefühl werden gestärkt, und deine Realität wird sich deiner Energie anpassen.

LIEBE/PARTNERSCHAFT

Du fühlst dich zu starken, selbstbewussten und mitfühlenden Partner*innen hingezogen, zu Menschen, die anerkannt und erfolgreich sind, was aufregend und vielleicht auch einschüchternd sein kann. Sei dir bewusst, dass ihr energetisch ebenbürtig seid, und genieße diese Verbindung. Nutz die Kraft, die du in deiner Beziehung hast, und du wirst feststellen, dass du stärker bist, als du denkst.

BERUF/GELD

Du fühlst dich kraftvoll und genießt es, anerkannt zu werden. Wenn du Unternehmer*in oder Firmeninhaber*in bist, hör auf deine Intuition, um dein Geschäft auszubauen und Maßnahmen zu ergreifen, die zu mehr Wohlstand führen. Deine Kreativität und dein Enthusiasmus sind ein wichtiger Teil deines Erfolgs, sowohl für dich selbst als auch in der Art und Weise, wie du andere inspirierst. Denk darüber nach, eine Führungsposition zu übernehmen oder einen Vortrag zu halten, wenn sich die Gelegenheit dazu bietet.

PERSÖNLICH/SPIRITUELL

Konzentrier dich darauf, deine intuitiven Kräfte im Rahmen deiner spirituellen Praxis zu pflegen und deine Träume zu verwirklichen. Das kann bedeuten, dass du Zeit in der Natur verbringst, um deine Energie und deinen Geist zu regenerieren, bevor du dich wieder deiner Arbeit widmest. Ergreif die Initiative, um Blockaden in deinem Selbstwertgefühl und in deiner Selbstachtung aufzulösen. Dadurch wirst du selbstbewusster, was ein enormes persönliches Wachstum und bessere Beziehungen mit sich bringen wird.

UMGEKEHRTE KARTE

Zweifelst du an deinem Wert oder hast du das Gefühl, das andere deine Qualitäten nicht anerkennen? Sobald du anfängst, an dich selbst zu glauben, wirst du eine Veränderung in deinem Selbstvertrauen feststellen, die es dir ermöglicht, in deinem eigenen Interesse zu handeln. Andere werden diese Veränderung bemerken und dir mit mehr Respekt und Bewunderung begegnen.

REFLEXION

→ Was möchtest du mithilfe der leidenschaftlichen Energie der Königin der Stäbe erreichen?

KÖNIG der STÄBE

Der König der Stäbe steht für die gesunde männliche Energie des Vertrauens, der Loyalität und der Führung, während er aus einer Position der Stabilität und Integrität heraus handelt.

Im Tarot sind die Könige die Herrscher ihrer Farbe und stehen für Stabilität, Autorität und gesunde männliche Energie. Der König der Stäbe repräsentiert das Doppelelement Feuer und steht für vollen Ehrgeiz und Tatkraft. Der König sitzt auf seinem Thron, der mit Löwen und Salamandern geschmückt ist, die Stärke und Schutz symbolisieren. Er blickt in die Ferne und scheint bereit zu sein, jeden Moment zur Tat zu schreiten, wobei ihm ein Salamander zur Seite steht, um ihn bei Bedarf zu unterstützen. Obwohl der König der Stäbe sehr tatkräftig ist, versteht er es, Aufgaben zu delegieren und seine Energie einzuteilen.

BEDEUTUNG DER AUFRECHTEN KARTE

Kraft, Autorität

BEDEUTUNG DER UMGEKEHRTEN KARTE

Machtmissbrauch, Mobbing

ELEMENTARE SCHLÜSSELKOMBINATION Feuer und Feuer. Feuer steht für die Verbindung des Königs zu Leidenschaft, Tatkraft und Führungsstärke, während seine Position in der Farbe der Stäbe ihn mit dem Feuer verbindet, weshalb er daher doppelt so viel leidenschaftliche Führungsstärke besitzt.

ALLGEMEINE DEUTUNG

Der König der Stäbe kann für eine Person stehen, die Führungsqualitäten, Autorität, Stabilität und Gelassenheit gegenüber Widrigkeiten verkörpert. Diese Karte kann dich auch auffordern, in einem Bereich deines Lebens eine Führungsrolle zu übernehmen. Wenn du mit Reife und Selbstvertrauen deinen Instinkten vertraust, kannst du mit Begeisterung entscheidende Schritte unternehmen. Achte darauf, wie du auf Menschen mit diesen Eigenschaften reagierst.

LIEBE/PARTNERSCHAFT

Ein/e charismatische/r Partner*in, die/der die Qualitäten von Stabilität, Autorität und Erfolg verkörpert, hat dich in ihren/seinen Bann gezogen. Zwischen euch beiden könnte sich eine reife Beziehung entwickeln, die auf Loyalität, Entschlossenheit und Stabilität beruht. Zwischen dir und deinem/deiner Partner*in herrschen starke Leidenschaft und Verlangen, aber pass auf, dass eure Egos nicht aneinandergeraten. Wenn ihr beide versucht, die Führung zu übernehmen, sind Kompromisse notwendig.

BERUF/GELD

Diese Karte zeigt dich als Unternehmer*in, die/der die Initiative ergreift und die ersten Schritte in Richtung eines Zieles unternimmt. Vielleicht leitest du ein Team und hast dabei Unterstützung. Bewahr dir deine natürliche Integrität, denn viele Menschen vertrauen auf deine Stärke und deine Fähigkeiten. Diese Karte zeigt an, dass du enorme Fortschritte in deiner Karriere machst oder ein Unternehmen gründest oder ausbaust.

PERSÖNLICH/SPIRITUELL

Du trittst in eine Phase ein, in der du intuitiv handelst und dich selbstbewusst durchsetzt. Dazu können auch Reisen gehören. Du arbeitest hart daran, dich und deine Reaktionen gegenüber anderen in den Griff zu bekommen, ohne die Beherrschung zu verlieren. Hab mehr Vertrauen in deine Talente und Fähigkeiten.

UMGEKEHRTE KARTE

Die umgekehrte Karte kann auf ungesunde Manifestationen männlicher Energie hinweisen, wie zum Beispiel Machtmissbrauch, Groll oder Tyrannei. Gesunde männliche Energie ist sich der Verantwortung bewusst, die mit einer Machtposition einhergeht, und versucht, andere dazu zu befähigen, integer zu handeln. Hör auf deine Intuition, um herauszufinden, woher diese egoistische oder unterdrückende Energie kommen könnte.

REFLEXION

→ Welcher Bereich deines Lebens erfordert dein Handeln und deine Aufmerksamkeit?

Die Karten im Überblick

Die großen Arkana

SEITE	KARTE		BEDEUTUNG DER AUFRECHTEN KARTE	BEDEUTUNG DER UMGEKEHRTEN KARTE
54	DER NARR		Neuanfang, Freiheit	Naivität, Angst vor Veränderung
56	DER MAGIER		Manifestation, Schöpfer, inspiriertes Handeln	Abkoppelung von persönlicher Macht, manipulativ
58	DIE HOHE-PRIESTERIN		Intuition, Selbsterkenntnis	Abkoppelung von der Intuition, Weigerung, nach innen zu schauen
60	DIE HERRSCHERIN		Empfangen von Liebe, Kreativität	Unterbrechung, kreative Blockaden
62	DER HERRSCHER		Inspiriertes Handeln, persönliche Macht	Handlungsunfähigkeit, defensiv oder reaktiv
64	DER HIEROPHANT		Lehrer, Tradition	Starre Überzeugungen, Lernverweigerung

SEITE	KARTE		BEDEUTUNG DER AUFRECHTEN KARTE	BEDEUTUNG DER UMGEKEHRTEN KARTE
66	DIE LIEBENDEN		Beziehung, Übereinstimmung	Disharmonie, Ungleichgewicht
68	DER WAGEN		Inspiriertes Handeln, Schwung	Unfähigkeit, weiterzukommen, Stagnation
70	DIE KRAFT		Überwindung von Hindernissen, Ausdauer	Ängste, mangelndes Vertrauen
72	DER EREMIT	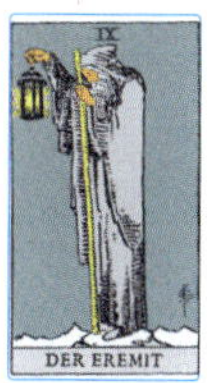	Weisheit, Zurückgezogenheit	Einsamkeit, Isolation
74	DAS RAD DES SCHICKSALS		Zyklen, Wandel	Verzögerungen, Rückschläge
76	DIE GERECHTIGKEIT		Wahrheit, Ausgewogenheit	Unausgewogenheit, ungerechte Behandlung

Die großen Arkana (Fortsetzung)

SEITE	KARTE		BEDEUTUNG DER AUFRECHTEN KARTE	BEDEUTUNG DER UMGEKEHRTEN KARTE
78	DER GEHÄNGTE		Warten, Perspektivenwechsel	Ungeduld, Trägheit
80	DER TOD		Transformation, Befreiung	An der Vergangenheit festhalten, fehlende Veränderungsbereitschaft
82	DIE MÄSSIGKEIT		Mäßigung, Harmonie, göttliches Timing	Ungleichgewicht, Ergebnisorientierung
84	DER TEUFEL		Sabotage, Sucht	Loslassen, Befreiung
86	DER TURM		Umbruch, plötzliche Veränderung	Klammern, Verlustangst

SEITE	KARTE		BEDEUTUNG DER AUFRECHTEN KARTE	BEDEUTUNG DER UMGEKEHRTEN KARTE
88	DER STERN		Hoffnung, Heilung	Verlust des Glaubens, Abkoppelung von der Quelle
90	DER MOND		Träume, Illusionen	Schwierigkeiten vermeiden, die Wahrheit nicht wahrhaben wollen
92	DIE SONNE		Klarheit, Optimismus	Pessimismus, Verwirrung
94	DAS GERICHT		Erwachen, Akzeptanz	Selbstzweifel, Neid
96	DIE WELT		Erfolg, Belohnung	Nichts abschließen, Belohnung lässt auf sich warten

Die kleinen Arkana: Kelche

SEITE	KARTE		BEDEUTUNG DER AUFRECHTEN KARTE	BEDEUTUNG DER UMGEKEHRTEN KARTE
100	ASS DER KELCHE		Neue Liebe, Beziehung	Erschöpfung, Enttäuschung
102	ZWEI DER KELCHE		Partnerschaft, Vereinigung	Disharmonie, Trennung
104	DREI DER KELCHE		Feiern, Zusammengehörigkeit	Emotionale Erschöpfung, übermäßiges Vergnügen
106	VIER DER KELCHE		Apathie, Stagnation	Fehlende Veränderungsbereitschaft, schlechte Laune
108	FÜNF DER KELCHE		Kummer, Traurigkeit	Hoffnungsschimmer, durchhalten
110	SECHS DER KELCHE		Harmonie, Erinnerungen	Nostalgie, an der Vergangenheit festhalten

SEITE	KARTE		BEDEUTUNG DER AUFRECHTEN KARTE	BEDEUTUNG DER UMGEKEHRTEN KARTE
112	SIEBEN DER KELCHE		Möglichkeiten, Tagträume	Illusionen, Verwirrung
114	ACHT DER KELCHE		Gehen, durchhalten	Klammern, Veränderungen vermeiden
116	NEUN DER KELCHE		Zufriedenheit, Überfluss	Übermut, Arroganz
118	ZEHN DER KELCHE		Glück, Erfüllung	Disharmonie
120	BUBE DER KELCHE		Liebesbotschaften, Spielfreude, emotionale Intelligenz	Unreife, Überempfindlichkeit
122	RITTER DER KELCHE		Emotionale Angebote, Schnelligkeit	Perfektionismus, Enttäuschung

Die kleinen Arkana: Kelche (Fortsetzung)

SEITE	KARTE		BEDEUTUNG DER AUFRECHTEN KARTE	BEDEUTUNG DER UMGEKEHRTEN KARTE
124	KÖNIGIN DER KELCHE		Fürsorgliche weibliche Energie	Misstrauen, emotionale Distanz
126	KÖNIG DER KELCHE		Emotionale Stabilität, Empathie	Unzuverlässigkeit, Grenzenlosigkeit

Die kleinen Arkana: Münzen

SEITE	KARTE		BEDEUTUNG DER AUFRECHTEN KARTE	BEDEUTUNG DER UMGEKEHRTEN KARTE
130	ASS DER MÜNZEN		Neuanfang, Fülle	Fülle lässt auf sich warten
132	ZWEI DER MÜNZEN		Gleichgewicht, Stabilität	Anspannung, Verantwortungslosigkeit
134	DREI DER MÜNZEN		Erfolg, neue Türen öffnen sich	Burn-out, mangelndes Selbstvertrauen

SEITE	KARTE		BEDEUTUNG DER AUFRECHTEN KARTE	BEDEUTUNG DER UMGEKEHRTEN KARTE
136	VIER DER MÜNZEN		Stabilität aufbauen, Ressourcen schonen	Materialismus, Kontrolle
138	FÜNF DER MÜNZEN		Mangeldenken, Gefühl der körperlichen oder finanziellen Erschöpfung	Herausforderungen meistern
140	SECHS DER MÜNZEN		Großzügigkeit, Ressourcen teilen	Großzügigkeit unter bestimmten Bedingungen, Ungleichheit
142	SIEBEN DER MÜNZEN		Wachstum, Geduld	Ungeduld, Zaudern
144	ACHT DER MÜNZEN		Harte Arbeit, Produktivität	Burn-out, Überforderung, Geringschätzung
146	NEUN DER MÜNZEN		Erfolg, Vergnügen	Materialismus, mangelnde Wertschätzung

Die kleinen Arkana: Münzen (Fortsetzung)

SEITE	KARTE		BEDEUTUNG DER AUFRECHTEN KARTE	BEDEUTUNG DER UMGEKEHRTEN KARTE
148	ZEHN DER MÜNZEN		Reichtum, Familie, Erbe	Verlust, Bruch mit der Tradition
150	BUBE DER MÜNZEN		Manifestation, solider Anfang	Prokrastination, Planlosigkeit
152	RITTER DER MÜNZEN		Langfristiger Reichtum, stetiger Fortschritt	Zögern, Selbstgefälligkeit
154	KÖNIGIN DER MÜNZEN		Großzügigkeit, Zuverlässigkeit	Materialismus, Unzuverlässigkeit
156	KÖNIG DER MÜNZEN		Reichtum, Großzügigkeit	Habgier, Egoismus

Die kleinen Arkana: Schwerter

SEITE	KARTE		BEDEUTUNG DER AUFRECHTEN KARTE	BEDEUTUNG DER UMGEKEHRTEN KARTE
160	ASS DER SCHWERTER		Klarheit, neue Ideen	Verwirrung, Unentschlossenheit
162	ZWEI DER SCHWERTER		Unentschlossenheit, Selbstschutz	Manipulation, blockierte Intuition
164	DREI DER SCHWERTER	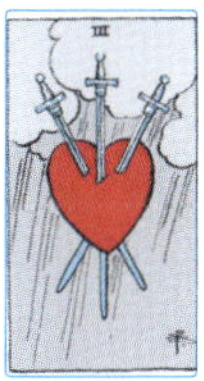	Trauer, Schmerz	Heilung, Schmerzen loslassen
166	VIER DER SCHWERTER		Ruhe, Innenschau	Unruhe, Selbstreflexion vermeiden
168	FÜNF DER SCHWERTER		Konflikt, Streit	Loslassen, Verbitterung loslassen
170	SECHS DER SCHWERTER		Vorankommen, eine Heilreise machen	Schwer vorankommen; auf der Stelle treten

Die kleinen Arkana: Schwerter (Fortsetzung)

SEITE	KARTE		BEDEUTUNG DER AUFRECHTEN KARTE	BEDEUTUNG DER UMGEKEHRTEN KARTE
172	SIEBEN DER SCHWERTER		Täuschung, Strategie	Desorganisation, Verfolgungswahn
174	ACHT DER SCHWERTER		Sich gefangen fühlen, Einschränkungen	Loslassen, Bedenken
176	NEUN DER SCHWERTER	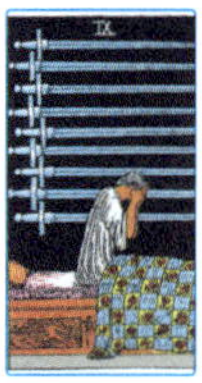	Angst, Sorge	Hoffnungslosigkeit, Verzweiflung
178	ZEHN DER SCHWERTER	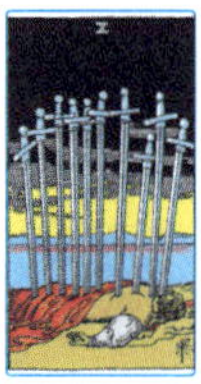	Etwas abschließen, Neuanfang	Verzögerungen, an der Vergangenheit festhalten
180	BUBE DER SCHWERTER		Enthusiasmus, Neugier	Klatsch und Tratsch, Abwehrhaltung
182	RITTER DER SCHWERTER		Wahrheitssuche, Durchsetzungsvermögen	Aufdringliches oder aggressives Verhalten

SEITE	KARTE		BEDEUTUNG DER AUFRECHTEN KARTE	BEDEUTUNG DER UMGEKEHRTEN KARTE
184	KÖNIGIN DER SCHWERTER		Entschlossenheit, Ehrlichkeit	Kritisch, auf Sicherheit bedacht
186	KÖNIG DER SCHWERTER		Intellektueller Ehrgeiz, Führungsqualitäten	Kontrolle, Urteilsvermögen

Die kleinen Arkana: Stäbe

SEITE	KARTE		BEDEUTUNG DER AUFRECHTEN KARTE	BEDEUTUNG DER UMGEKEHRTEN KARTE
190	ASS DER STÄBE		Inspiration, Kreativität	Zögern, Unschlüssigkeit
192	ZWEI DER STÄBE		Wahlmöglichkeiten, Zukunftspläne	Ungeduld, Planlosigkeit
194	DREI DER STÄBE		Entwicklung, Wachstum	Verzögerungen, Enttäuschungen

Die kleinen Arkana: Stäbe (Fotsetzung)

SEITE	KARTE		BEDEUTUNG DER AUFRECHTEN KARTE	BEDEUTUNG DER UMGEKEHRTEN KARTE
196	VIER DER STÄBE		Feiern, besondere Ereignisse	Freude am Augenblick
198	FÜNF DER STÄBE		Konkurrenz, Rivalität	Übertreibung, Lösungsorientierung
200	SECHS DER STÄBE		Sieg, Anerkennung	Erfolg lässt auf sich warten
202	SIEBEN DER STÄBE		Verteidigungshaltung, Durchsetzungsvermögen	Übervorsichtig sein, sich unterlegen fühlen
204	ACHT DER STÄBE	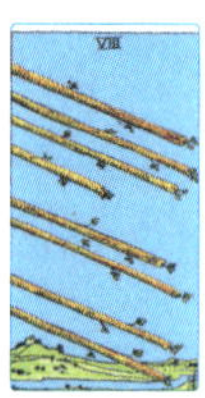	Beweglichkeit, schnelles Handeln	Stagnation, sich in Geduld üben müssen
206	NEUN DER STÄBE		Beharrlichkeit, Selbstvertrauen	Schnell aufgeben, Verzögerungen

SEITE	KARTE		BEDEUTUNG DER AUFRECHTEN KARTE	BEDEUTUNG DER UMGEKEHRTEN KARTE
208	ZEHN DER STÄBE		Überforderung, schwere Last	Druck, Erschöpfung
210	BUBE DER STÄBE		Impulsivität, Abenteuerlust	Unzuverlässigkeit, Hast
212	RITTER DER STÄBE		Schnelligkeit, Leidenschaft	Selbstzweifel, Bedenken
214	KÖNIGIN DER STÄBE		Kreativität, Ehrgeiz	Minderwertigkeitsgefühl, kreative Blockade
216	KÖNIG DER STÄBE		Kraft, Autorität	Machtmissbrauch, Mobbing

Weiterführende Bücher, Tarotdecks und Onlineshops

ICH HABE EINE umfassende Liste an Büchern, Tarotdecks, Onlineshops und Websites zusammengestellt, die sich hervorragend für Anfänger eignen, die ihre Tarotreise durch interaktive und erfahrungsorientierte Anwendung vertiefen möchten. Aus diesen »Klassikern« habe ich selbst im Laufe der Jahre sehr viel gelernt; sie stehen auch in meiner Bibliothek. Mein erstes Tarotdeck war ein Exemplar des klassischen *Rider-Waite-Smith*-Tarots, das in diesem Buch verwendet wird, aber ich habe auch einige meiner modernen Lieblingsdecks in die Liste aufgenommen. Sie zeichnen sich durch ihre Vielfalt und ihren integrativen Charakter aus und konzentrieren sich mehr auf die Entwicklung der Intuition als auf das Bewahren der Tarottradition, indem sie neue Perspektiven aus Sicht der Künstler bieten. Die Verbindung aus traditionellem Wissen und modernen Ansätzen hat meine persönliche Praxis erweitert, und ich freue mich, meine Quellen mit dir zu teilen.

Tarotbücher

21 WAYS TO READ A TAROT CARD von Mary K. Greer

www.marykgreer.com

Ein fantastisches interaktives Konzept, das sowohl traditionelle als auch persönliche Deutungen zulässt. Greer arbeitet mit mehreren weiterführenden Methoden, um eine Verbindung zu deinem Deck herzustellen und deine Praxis zu vertiefen.

TAROT WISDOM: SPIRITUAL TEACHINGS AND DEEPER MEANINGS von Rachel Pollack

www.rachelpollack.com

Pollacks Buch *Tarot – 78 Stufen der Weisheit* wird von vielen als »Bibel des Tarots« angesehen und ist ein hervorragendes Nachschlagewerk. Ihr Buch *Rachel Pollack's Tarot Wisdom* bietet tiefe Einblicke in die Kunstwerke verschiedener klassischer und moderner Tarotdecks sowie Deutungen und persönliche Geschichten von einer der angesehensten Stimmen im Tarot. Außerdem enthält es zahlreiche aufschlussreiche Tarot-Legesysteme und konzentriert sich auf den Aspekt des Geschichtenerzählens im Tarot. Ich kann beide Bücher sehr empfehlen

THE TAROT: HISTORY, SYMBOLISM, AND DIVINATION von Robert Place

www.robertmplacetarot.com

Eine gründlich recherchierte und detaillierte Geschichte der Ursprünge des Tarots. Es konzentriert sich auf die vielen mystischen Symbole jeder Tarotkarte und bietet Informationen über ihre vollständige esoterische Bedeutung. Place kombiniert seine Sorgfalt in Bezug auf historische Genauigkeit mit seiner eigenen Intuition und bietet eigene Methoden für Legesysteme mit drei Karten an.

Tarotdecks

MOON VOID TAROT von Stefanie Caponi

www.moonvoidtarot.com

Ein zeitgenössisches Deck mit Schwarz-Weiß-Grafiken, das die Reise einer zentralen Figur durch das Tarot nachzeichnet. Perfekt geeignet für Schattenarbeit und Selbstreflexion. Der Schwerpunkt liegt auf der Kombination von Tarot und Astrologie und enthält mehrere einzigartige Legesysteme.

MODERN WITCH TAROT: 78 TAROTKARTEN MIT ANLEITUNG von Lisa Sterle

www.lisasterle.com

Diese zeitgenössische Interpretation der Bilder von Waite Smith zeichnet sich durch eine erfrischende Vielfalt und eine rein weibliche/femme/genderfluid Darstellung der Charaktere aus, die die klassischen Archetypen in einem modernen, nachvollziehbaren Umfeld verkörpern.

THE WILD UNKNOWN TAROT: 78 TAROTKARTEN UND BEGLEITBUCH von Kim Krans

www.thewildunknown.com

Ein neuer Klassiker, der die Natur in den Vordergrund stellt und Tiere statt der Figuren zeigt. Dieses wunderschön illustrierte Deck und das dazugehörige Handbuch bieten einfache Deutungen, die den Fokus auf die Elemente und die Natur legen.

SOUL CARDS TAROT von Kristine Fredheim

www.soulcardstarot.com

Dieses wunderschöne minimalistisch gestaltete Deck ist eine zeitgemäße Interpretation des Marseille-Tarots und enthält ansprechende abstrakte Grafiken ohne Menschen. Erhältlich in verschiedenen Farben.

Onlineshops

CATLAND BOOKS

www.catlandbooks.com

Brooklyns führende okkulte Buchhandlung und Apotheke. Hier findet man den gesamten Katalog mit Tarotdecks, Spezialbüchern und unabhängigen Zeitschriften, die man sonst nirgendwo findet.

HAUS WITCH

www.hauswitch.com

Der beliebte Außenposten von Salem bietet alles von Tarotdecks bis hin zu zeitgenössischer Wohnkultur, die jeden Winkel deines Zuhauses mit Magie erfüllen wird.

LITTLE RED TAROT

https://littleredtarot.com/

Britischer Onlinehändler und langjähriger Blog mit aufschlussreichen Beiträgen zu einer breiten Palette von Tarotthemen und einer beeindruckenden Sammlung von Indie-Tarot- und Orakeldecks für Käufer aus Übersee.

PHOENIX & LOTUS

https://phoenixnlotus.com/

Online-Einzelhändler, der sich auf unabhängige Designer konzentriert und eine wunderbar kuratierte Auswahl an Indie-Tarot- und Orakeldecks anbietet.

DEUTSCHSPRACHIGE ONLINESHOPS

https://aqasha.com
https://www.tarotshop-berlin.de
https://www.schmitt-hahn.de

Danksagung

ICH MÖCHTE Robie Evangelista für ihre Großzügigkeit danken, mir Türen zu öffnen, ebenso meinen großartigen Lektorinnen Meg Ilasco und Sally McGraw und dem Team von Penguin Random House, die dieses Projekt auf den Weg gebracht und mir so vieles beigebracht haben. Außerdem danke ich meinem Zirkel von Tarothexen, die mir die wahre Bedeutung von Freundschaft und magischer Gemeinschaft gezeigt haben.

Über die Autorin

STEFANIE CAPONI (SIE/IHR) ist eine intuitiv arbeitende Autorin und Illustratorin. Sie arbeitet seit mehr als 20 Jahren mit dem Tarot und hat sich seit der Entwicklung ihres ersten Tarotdecks *Moon Void Tarot* als professionelle Tarotlegerin etabliert. Der Schwerpunkt ihrer Arbeit liegt auf der Erforschung von Schattenarbeit, auf Heilung und Kreativität, wobei sie das Tarot als Zugang zu den verborgenen Bereichen des Selbst nutzt. Neben ihrer Arbeit mit dem Tarot schreibt sie auch monatliche Horoskope für Dame Products. Verbinde dich mit Stefanie auf Instagram @moonvoidtarot und auf moonvoidtarot.com.

Bibliografische Information der Deutschen Nationalbibliothek
Die Deutsche Nationalbibliothek verzeichnet diese Publikation in der Deutschen Nationalbibliografie. Detaillierte bibliografische Daten sind im Internet über https://dnb.de abrufbar.

Für Fragen und Anregungen
info@mv-g.de

3. Auflage 2026

Türkenstraße 89
80799 München
Tel.: 089 651285-0

Die amerikanische Originalausgabe erschien 2020 unter dem Titel *Guided Tarot* bei Zeitgeist, einem Im-print von Zeitgeist™, einem Unternehmen von Penguin Random House LLC. penguinrandomhouse.com
Zeitgeist™ ist eine Handelsmarke von Penguin Random House LLC

Übersetzung: Simone Fischer
Redaktion: Sabine Zürn
Umschlaggestaltung: Manuela Amode
Umschlagabbildung und Illustrationen: Pamela Colman Smith mit Anleitung von Arthur Edward Waite, erstmals veröffentlicht von William Rider & Son, London, 1909.
Layout: Aimee Fleck
Satz: Bernadett Linseisen (schere.style.papier), München
Druck: Florjancic Tisk d.o.o., Slowenien
Printed in the EU

ISBN Print 978-3-7474-0551-2
ISBN E-Book (EPUB, Mobi) 978-3-96121-929-2